KAPPADOKIEN

Jeoffrey Lamec

D1701788

SILK ROAD
PUBLICATIONS

INHALT:

DIE ENTSTEHUNG

Der Hasan Berg
Das Taubenschlag Tal in Uçhisar (links)

Vor Millionen von Weltjahren, wo die Erdoberfläche sich zu formen begann, war die Ebene von Mittelanatolien, dessen Höhe maximal 500 Meter betrug, ein mit Ebenheiten und Wäldern umgebenes Binnenmeer. In diesem Gebiet lebten, für die 3. Zeit charakteristischen Lebewesen, wie die Nummilite, Mastodone(Vorfahre des Elefanten) und Hipparions(Vorfahre des Pferdes). Nach dem Auseinanderbrechen der grossen Mulde von Nordkonya(Lycaonia) entstand eine, mit Unterbrechungen , vulkanische Kettengruppe. Darauf folgend entstanden eine Reihe kegelförmiger Berge, wie der Erciyes Berg(3.917m) im Südwesten von Kayseri, der Dede Berg, die Melendiz Berge(2.935m), der Göllü Berg(2.143m) und der doppeldipfelige Hasan Berg(3.268m) nördlich von Nenezi. All diese Vulkane wurden vor 10 Millionen Jahren aktiv.

Die immer wieder aufeinanderfolgenden Lavaausbrüche und die Ansammlungen von Lava und Asche machten es der Ebene Mittelanatoliens schwer sich weiterzuentwickeln. Diese Aktivitäten hielten bis zur Holozän Zeit an.

Nur eigentümlich für Kappadokien.Die durch Vulkanausbrüche und Erosionen entsandenen Naturwunder.
Das Göreme Kılıçlar Tal (links) und der Erciyes Berg (oben).

Man vermutet, dass die vor 10 Millionen Jahren in Anatolien als lebend identifizierten Hipparions aufgrund der Vulkanausbrüche ausgestorben sind. Desweiteren wird angenommen, dass gefundene Fossile im Taşkınpaşa Dorf, am Abhang vom Kızılasma Tal, im Miozän Zeitalter aufgrund der Ausbrüche der Vulkane Erciyes, Hasan und Göllü ausgestorben sind.

2 Millionen Jahre vor unserer Zeit entstanden grosse Klimaschwankungen, die dazu führten, dass vier verschiedene Eiszeiten, welche Günz, Mindel, Riss und Würm waren, durchlebt wurden. Gegen Ende der Eiszeit war, durch die Klimaschwankungen, ein grosser Teil von Konya und Aksaray mit Seen bedeckt. Ausgrabungen von Tier- und Pflanzenresten, weisen auf ein niederschlagreiches Klima und waldbedecktes Gebiet zurück. Durch

Wind, Regen und Erosion entstand die nuancenreiche Landschaft Kappadokiens. Die bizarren Felsen und Schluchten bestehen aus weissem Gestein, welches sich aus Lava, Asche und Schlamm zusammensetzt. Die Farben des Tuffgesteins variieren zwischen leuchtendem rot über gelb-ocker-bräunliche Töne, die bis zu grünlich-gräulichen Nuancen reichen. In solch einem Gebiet befinden sich unter Anderem nicht zu unterschätzende Flüsse an reichhaltigem Wasser, wie der Fluss Kızılırmak. Die Täler Kappadokiens, die reich an Süsswasserquellen sind, bereiteten den Boden für eine der ersten menschlichen Niederlassungen. Die hohen Felsen an den Talrändern boten unter Anderem Schutz. Die leicht zu formenden Tufffelsen wurden mit Hilfe von Steinen aus Obsidian für jeweilige Zwecke einbeziehungsweise ausgehöhlt.

Das Taubenschlag Tal in Uçhisar (links) und die berühmten Feenkamine in Ürgüp (oben).

Fünde in Kappadokien vor der Geschichte

*D*ie Ebene von Konya war von 16.000-8.000 v. Chr. ein grosser See. Während in Westeuropa die Eiszeit fortwährte, begann in Anatolien ein feuchtes und mildes Klima vorzuherrschen. Die Weiden und der Morast baten der Viehzucht und Landwirtschaft einen angemessenen Raum. Die vor 12.000 Jahren beginnende Klimaveränderung führte zur langsamen Austrocknung der durch Regen entstandenen Seen im Inneren Anatoliens. Der Umkreis vom Salzsee, die Ebene von Konya und Aksaray entwickelten sich in dieser Zeit.

Die menschlichen Gemeinschaften begannen das erste Mal sich auf längere Zeit an einem Ort niederzulassen und Dörfer zu gründen. Der Mensch lernte durch die Anfreundung mit dem Boden, was er ihm für Schätze zur Verfügung stellen kann und nutzte die Möglichkeiten des sesshaften Lebens. Diese verlangte grossen Fleiss, es war ein schweres, aber heiliges Streben.

Es ist bekannt, dass die Menschen seit Jahrtausenden von Jahren von Wurzel-und Obstsammlung und Jagen und Fischen lebten. Sie setzten sich in der Nähe von Seen und Flüssen nieder, um dort ihre Existenz zu wahren. Ein Ort, wie der Kızılırmak, mit seinem aktiv fliessendem Wasser, wurde an Küsten und Talabhängen die ideale Lebensquelle des Anatoliers.Die Natur Kappadokiens war ständigen Veränderungen ausgesetzt und auf alte, sich im Laufe der Zeit verändernde Besiedlungsgebiete wurden ständig neue gegründet. Naturkatastrophen, Kriege,Plünderungen, Brände und ständige Erneuerungen machten es fast unmöglich Aufschlüsse vorheriger Zeit zu finden.

Forschungen bezüglich der Jungsteinzeit gelten noch als sehr neu in Anatolien. 8 km. südöstlich von Ürgüp, am Avla Hügel, haben englische Arkeologen Steinwerkzeuge aus der Alt-und Jungsteinzeit gefunden. Auch in Ankara stiess man von seitens des englischen Arkeologie Institutes zwischen 1964-1966, während prähistorischer Forschungen,auf eigenartige Befünde.

Unter der Leitung von Ian Todd fand man in Niğde und vor Allem in Nevşehir eine grosse Anzahl von Niederlassungen der Jungsteinzeit. Die Gebiete um Nevşehir, wie İğdeli, Çeşme, Acıgöl und die KLeinstadt Tatlarin sind nur einige davon.

Eine enstandene Abbildung von den Çatalhöyük Haeusern mit Hilfe der Aufzeichnungen von Melaart.(links oben)
Die Miniaturstatue der Muttergöttin Kybele (links unten) und die Abbildung einer gefundenen Wandmalerei in Çatalhöyük. Eine Hirschjagdszene(oben).

Çatalhöyük

*B*is zum Jahre 1956 war man der Ansicht, dass sich keine Besiedlungen auf anatolischem Boden bezüglich der Jungsteinzeit (Neolithikum) befinden. Die Jungsteinzeit wird durch das akeramische Neolithikum und keramische Neolithikum in zwei Hauptstadien geteilt. 1961 fand man in **Çatalhöyük**, 50 km südöstlich von Konya, Spuren der grössten Besiedlung der Jungsteinzeit. Die Entdeckung von Çatalhöyük hat eine hohe Bedeutung, weil es der erste Ort ist, der neolithische Fünde aufwies.Die ersten Ausgrabungen dieser Region wurden zwischen den Jahren 1961-1965 von James Mellaart durchgeführt. Ab 1993 wurden unter der Führung von Professor Ian Hodder neue Ausgrabungen und Forschungen mit einer Gruppe internationaler Arke-

ologen durchgenommen. In den Häuser von Çatalhöyük fand man Öfen zum Wärmen und Kochen, Zimmer für den jewiligen Gebrauch und Symbole, die das Reichtum der Sippe symbolisieren sollten. Unter den Häusern, in Gruben, lagen Särge aus Stein für die Toten. Auf herausgehohlten Wandmalereien stiess man auf verschiedene Darstellungen von Jagden, Todeszeromonien und geometrischen Beschreibungen. Das eigenartigste jedoch war eine Wandmalerei auf dessen Hintergrund ein ausbrechender Vulkan mit einer Besiedlung davor abgebildet sind. Man vermutet, dass dieser Vulkan der Hasan Berg und die Besiedlung davor Çatalhöyük sein könnten. Es ist nämlich bekannt, dass der schneebedeckte Zipfel des doppelgipfeligen

Die Abbildung einer gefundenen Wandmalerei in Çatalhöyük.
Im Vordergrund Besiedlungsplaene und im Hintergrund ein aktiver Vulkan (Der Hasan Berg).

Vulkans bei klarem Wetter von Çatalhöyük zu erkennen ist. Dies ist der Beweis dafür, wie sehr die Menschen zu dieser Zeit vom Vulkan beeindruckt waren. Dieses Landschaftsgemälde ist das älteste der Welt. Çatalhöyük lag an einem versickerten See, welcher mit Weiden und Morast angemssen für die Viehzucht war und einen ertragreichen Boden besass. Auf diesem Gebiet existierte jede Art von Wildtier. Die Bewohner von Çatalhöhük lebten 900 Jahre lang am selben Ort. Die Fünde dieser Zeit versetzten einen in Staunen:Gewebe aus Pflanzenfaser und Tierfellmischung befestigt an Gürteln oder Knochennadeln, Lederkleidung und Fell aus Tierpelz, Leopardenpelze, die wahrscheinlich bei Zeremonien getragen wurden, die ersten Beispiele der Metallarbeit, wie Drähte, Perlen und Nadeln aus Blei und Kupfer , kleine Statuen der Muttergöttin und die ersten Spiegel aus Obsidian. Çatalhöyük wird durch den Çarşamba Bach, desen Quelle der Toros Berg ist, durch zwei geteilt. 6.300 oder 5.700 v. Chr. ver-

liessen die Menschen aus unbekannten Gründen ihren Wohnort und zogen auf die andere Seite des Çarşamba Baches nach Westçatalhöyük. Das gleiche stellte man auch bei anderen neolithischen Besiedlungen fest. Nach dieser Zeit fing in Anatolien eine neue Periode an.

Im chalkolithischen Zeitalter(Kupferzeit) betrat man die Häuser nicht mehr durch die Decke, sondern durch die Tür, die in den Hof führte. Diese Modell ist eines der vorangangenen Beispiele der megaronförmigen Häuser in Anatolien, die jahrtausende von Jahre genutzt wurde. Die Toten wurden nicht mehr unter die Häuser, sondern in Gräbern ausserhalb der Besiedlung begraben.Die Anzahl der Figuren der Muttergöttin nahm zu.Dies ist die Epoche, in der sich die Dörfer zu Kleinstädten erweiterten, in der das erste Mal Pflüge in der Landwirtschaft zu Nutze gezogen wurden, die Anzahl der Haustiere zunahm und Geschirrfertigung ein künstlerisches Niveau erreichte.

Aşıklı Höyük und Musular

Aşıklı Höyük befindet sich 25 km südöstlich von Aksaray, ungefähr 1,5 km südlich des Kızılkaya Dorfes. Die Besiedlung von Aşıklı Höyük liegt eingekreist vom Hasan und Melendiz Berg in einer schüsselförmigen Ebene auf vulkanischem Grund. Sie wurde nördlich vom Ihlara Tal direkt an der Küste des Melendiz Gewässers gegründet. Die Besiedlung wird in das akeramische Neolithikum eingestuft und hat ein Ausmass von 230 m in Ost-West und 150 m in Nord-Süd Richtung.

Aşıklı Höyük gehört zu den ersten Dörfern, die im Besitz der anatolischen und nahöstlichen Menschen war. Sie beinhaltete zwei Kulturschichten. Die Unterkünfte waren durch schmale Gänge voneinander getrennt. Da sich keine Türen zu den schmalen Gängen öffneten, musste man mit einer Leiter durch die Decke in das Haus. Die Decken und Wände wurden entweder mit Schlamm verputzt oder mit Kieselsteinen bezogen. Es wurden Überreste von einer monumentalen Wand aus Stein gefunden, die das Dorf des besiedelten Gebietes umkreiste. Diese Besiedlung trennte sich von Anderen aus einem eigenartigen Merkmal. Bei Ausgrabungen stiess man in grossen Mengen auf halbbearbeitete Obsidiane. Der Fund von Perlen an Hälsen von Skeletten, darunter einige aus Kupfer, zeigt, dass Kupfer seit ziemlich früher Zeit verarbeitet wurde.

Musular befindet sich in der Gülağaç Ortschaft von Aksaray, 1 km südlich vom Kızılkaya Dorf. Auf der Verbindungsstrasse zwischen Aksaray und Nevşehir, 18 km nach der südlichen Einbiegung von Güzelyurt und Ihlara, gelangt man an den Besiedlungsort von Musular. Die Besiedlung wird in die Jungsteinzeit (Neolithikum) eingestuft. 1996 wurden bei Ausgrabungen, unter der Leitung von Professor Ufuk Esin, in grossen Mengen Rind- und Wildpferdknochen gefunden. Unter Anderem fand man Pfeilspitzen aus Obsidian und Steinwerkzeuge, mit denen die Tiere verarbeitet wurden. Desweiteren stiess man auf Ringsteine und Schmuckstücke verschiedener Steinsorten. Die Besiedler von Musular

Obsidian Handelswege der chalkolitischen Zeit.

lebten von Landwirtschaft und Tierzucht. Es wurden Jagdzeremonien vollzogen und mit der Pferdezucht begonnen.

Nenezi

Zunächst ergaben Flächenuntersuchungen im Nevşehir-Niğde Gebiet von S.Payne und anschliessende Untersuchungen am westlichen Abhang des Nenezi Berges, über zerstreute Überreste von Obsidian, Anhaltspunkte darüber, dass in diesen Gebieten Obsidian verarbeitet wurde. Der prähistorische Zweig der İstanbul Universität ist nach Untersuchungen zwischen 1993 - 95, unter der Leitung des Vorsitzenden N. Balkan ATLI, der festen Überzeugung, dass diese verarbeiteten Obsidiane auf eine derzeitige Werkstatt zurückführen.

In diesen Werkstätten stellte man Werkzeuge und Waffen aus Obsidian her, die bis nach Ürdün-

Besiedlungsausgrabungen in Aşıklı Höyük (oben). Ein römischer Grab, das in die Felsen gehöhlt wurde (rechts).

Eriha durch den Tauschhandel gelangten. Ausgrabungen im Jahr 1999 in Çatalhöyük und chemische Analysen auf Obsidianwerkzeugen ergaben, dass die Quelle des Obsidians der Göllü und Nenezi Berg waren und in das akeramische Neolithikum eingestuft werden.

Güvercin Kayası Hügel

Güvercin Kayası Höyüğü(Der Taubenfelshügel) befindet sich am Taubenfels der Gülağaç Ortschaft in Aksaray. Fünde bei Ausgrabungen im Jahr 1996 wiesen Parallelen zu den Hügeln Aşıklı Höyük und Çatalhöyük auf. Während dieser Ausgrabungen fand man Rüstzeug, waffenähnliche Gegenstände aus Kupfer und scharfe,aus Knochen gebastelte, Fischermaterialien und Behälter in denen die Fische gebraten wurden. Durch diesen Fund stellte sich heraus, dass zu diesen Zeiten, in denen sich grosse Seen befanden, ein 8.000 Jahre altes Fischerdorf existierte. Die Häuser des Dorfes waren einzimmerig und wurden durch enge Strassen voneinander getrennt.

Hinzugefügt sieht es so aus als bringe der Fund von Keramikgegenständen ein Licht in die dunkle chalkolitische Zeit.

Um die Geschichte einer Gesellschaft nachvollziehen zu können, ist der Fund von schriftlichen Quellen sehr hilfreich. Bis zum 2.Jahrtausend v. Chr. wurde keine Schrift in Anatolien gefunden.

Zwischen dem Ende des 4.Jahrtausends und dem Beginn des 3.Jahtausends v. Chr. begann mit dem Schmelzen von Kupfer und Zinn, für den menschlichen Gebrauch, die frühe Bronzezeit in Anatolien. Die Fünde von Metallutensilien, Goldgegenständen und Schmuck auf den Toten, bei Ausgrabungen in Acemhöyük, unterstützten die Kenntnisse über dieses Zeitalter.

DIE GESCHICHTE

Inschriften des Kadesh Vertrages(links oben) und
ein Exemplar der berühmten "Kappadokien Inschriften"(İstanbul Archaeologie Museum) (links unten)
Relief des Hitit Krieg Wagens (Anatolische Zivilisations Museum-Ankara) oben).

Zwischen den Jahren 2000-1750 v. Chr. bauten die assyrischen Kaufmänner nördlich von Mesopotamien Handelskonien auf, welche 'Karum' genannt wurden. Kaniş(Kültepe-in der Nähe von Kayseri) war eines dieser Kolonien. Diese Handelszentren standen unter der Herrschaft des einheimischen Fürstentums. Mit Hilfe von schriftlichen Verzeichnissen, die sie während ihrer Geschäfte führten und **Kappadokien Inschriften** genannt wurde, entstanden erste schriftliche Dokumente in Anatolien. Das hetitische Königreich, das 1700 v. Chr. gegründet wurde, hinterliess keine handfesten Schriftstücke über Politisches oder Erlebtes. Da die Hetither von Kasachstan nach Anatolien während einer langen Periode einreisten, vermischten sie sich sehr leicht unter das einheimische Volk, machten sich deren Sprache und Götter zu eigen und gründeten somit eine neue Zivilisation.

Der hetitische Staat in der späten Bronzezeit bezog fast ganz Kappadokien mit in sich ein. Die hetitischen Hauptgötter, welche hattich-hurritischen Ursprungs waren, waren die Sturmgötter **Teşup** und seine Frau **Hepat**. Der wichtigste Mythos anatolischer Abstammung war die **Telepinu Legende**. Bei den Götterdarstellungen sitzt Hepat auf einem Löwen, und Teşup, der menschlicher Gestalt ist, steht mit beiden Füssen auf den Rücken von Berggöttern. Diese Berge sind **Namni** und **Hazzi**(mit denen höchstwahrscheinlich die Berge Erciyes und Hasan gemeint sind). Der Legende nach ist der Sturmgott darüber verärgert, dass die Häuser mit Nebel und Rauch bedeckt sind. Es wird eine Katastrophe beschrieben, wo die Ernte keinen Ertrag bringt und wo Weiden und Quellen ausgetrocknet sind. Mit grosser Wahrscheinlichkeit hatte diese Legende mit den vulkanischen Veränderungen zu tun, die dann aber später wieder in den Normalstand übergingen. Die hetithichen Inschriften und Felsreliefe sind heute im Freilichttempel von Yazılıkaya, in der Nähe von Boğazköy, in Hattuşa und an den Bergen Hasan und Göllü vorzufinden. Viele kappadokische Orte und Städte, die später umbenannt wurden, waren hattischen, lydischen und hetithischen Ursprungs. Die für Kappadokien eigentümliche **Neşa**(Nyssa) Sprache ist eigentlich die Hetithersprache.

Mit dem Ausklingen der assyrischen Handelskolonien in Anatolien, verlor Kültepe an Wert. Die nördlichen Gebiete Anatoliens gewannen nun, durch den Umzug der Haupstadt nach Hattuşa, an Wert. Der Zerfall des hetithischen Königreiches im Jahr 1200 v. Chr. brachte ein Schweigen in die schriftlichen Dokumente. Ägyptischen Quellen zu Folge konnte keine Stadt gegen die Angriffe von Stämmen aus dem Meer und auf dem Land ankämpfen. Ägypten konnte diese Stämme nur mit viel Mühe von ihrem Boden fernhalten, aber mit Anatolien brach jegliche Beziehung ab. Nach dem hetithischen Königreich wurde der zweite grosse Staat von den Phrygiern im Jahr 750 v. Chr. in Anatolien gegründet. Zwischen dem Zeitraum dieser Königreiche vergingen viereinhalb Jahrhunderte.

Diesen Zeitraum nannte man auch das **Dunkle Zeitalter** in Kappadokien. Ausgrabungen in Boğazköy weisen darauf hin, dass die Stadt durch einen Brand vernichtet wurde und mindestens ein Jahrhundert nicht bevölkert war. Aus diesem Grund liessen auch

im Umkreis vom Kızılırmak die spärlichen Besiedlungen zu wünschen übrig. Ab dem 5.Jahrhundert v. Chr. geben assyrische Quellen über ihre Herrschaft im südöstlichen Teil Anatoliens Informationen. Die Assyrier bildeten zwar für die Hetither eine Gefahr, aber es war ihnen nicht möglich hetithischen Boden in Besitz zu nehmen. In assyrischen Quellen ist die Rede von einer 20.000 Mann Armee, welche **Muşki** genannt wurde und unter fünf vereinten Königen stand. Der Name **Muşki** stand für die Phrygier. Ihre Einwanderung und der damit verbundene Zerfall einer grossen Macht verschafften mehrjährigen Aufruhr. Im Westen entstand der Staat Lydia und im Osten Urartu. Anschliessend kam in Mittel-und Südostanatolien das **späte hetithische Königreich** an den Tag. Es wurde das sogenannte **Tabal Königreich**

*Yazılıkaya (der beschriftete Fels) (oben),
Iwrithische Felsreliefs des spaeten hetithischen Zeitalters (links),
Hetithische Inschriften, Aksaray Museum (rechts).*

(700v.Chr.) genannt und umfasste Kayseri, Niğde, Nevşehir, Aksaray und Ürgüp. Das Zentrum dieses Königreiches befand sich in **Tuwanuwaa**(Tyana) in der Nähe von Niğde. Bezogen auf diese Zeit sind hetithische Felsinschriften in Gülşehir, Acıgöl und Hacıbektaş zu finden. Die später aus dem Norden nach Kappadokien kommenden Kimmerier gaben der phrygischen Herrschaft ein Ende. Um sich vor Angriffen der Kimmerier zu schützen, höhlten die Phrygier Felsen aus und setzten den Fels rundherum unter Wasser,wodurch unzählige Burgen entstanden. Darauffolgend fand man die Meder (585v.Chr.) und die Perser (547v.Chr.)in Anatolien vor. Die Perser blieben bis 332 v.Chr. in Kappadokien und hielten ihr Gebiet mit Lokalverwaltern, den sogenannten **Satrap** unter Kontrolle. Die Verbindung des persichen Staates

Die Szene des Sieges Alexanders des Gr. gegen Persien,auf Reliefs am Alexandersargkophag. (Istanbul Archaeologie Museum)(oben)
Das Ihlara Tal (Peristrema Tal) (links).

nach Westen erfolgte durch den berühmten **Königsweg**, welcher zu dieser Zeit entsanden ist. Alexander der Große, der den persischen Imperialismus in Anatolien komplett zerstörte, entschloss in Kappadokien Steuern einzutreiben, um sich auf seiner Ostreise nicht viel Zeit zu vertreiben. Die Satrapen gründeten später einen autonomen Staat, den sie **Kappadokien Königreich** nannten. Auch wenn sie sich von Zeit zu Zeit mit anderen zusammenschlosen oder wieder auseiandergingen blieben sie ihr Königreich fortführend Herrscher über Kappadokien (535-532v.Chr.). Nach dem Tod des Alexander der Großen entstand eine Provinz des römischen Imperialismus. Bis 17 v.Chr. lebten sie verschlossen, unter Führung von Prinzen unabhängig und abgelegen in ihren Burgen ihr Leben fort. Ab 17 v.Chr. kam Kappadokien, wie bereits Kleinasien, in Besitz der Römer.

Die Römer legten vor Allem Wert darauf Millitär- und Handelswege zu schaffen. In diesem Zeitraum höhlten auch die Kappadokier Felsen aus, um sich vor den steuereintreibenden Römern zu verstecken. In der Zeit des Imperatoren Septimus Severus lebte Kayseri als ökonomisches Zentrum auf.

Die ersten Christen breiteten sich langsam in Anatolien aus, und Kayseri und Aksaray wurden im 4. Jahrhundert n. Chr. zu wichtigen religiösen Zentren.In Ihlara und Göreme höhlten sie geeignete Tufffelsen aus, um versteckt und abgelegen in ihren konstruierten Kirchen und Klöstern weiterzuleben. Bis gegen Ende des 11.Jahrhunderts stand Kappadokien unter byzantinischem Einfluss und wurde von Zeit zu Zeit von den Sasaniten und Arabern angegriffen. Im Jahre 1074 kam Kappadokien nach der seldschukischen Führung unter Osmanische.

Die Grenzen des zentralen Hetitherstaates bezogen, nach Herodotos, im Osten das Tal des Fırat Flusses und Malatya (Meliten) im Westen Konya(Lykaonia), der Salzsee mit inbegriffen, im Norden Karadeniz (Schwarzmeer) Pontus und im Süden das Gebiet bis hin zu Toros ein.

Hier war gleichzeitig" Territorium der Heiligen Muttergöttin" von Luwi's und Hurriten. Auch die Luwi's, das einheimische Volk in Anatolien hatten ein Pferde-Kultur.

DER NAME KAPPADOKIEN

Aus einer Inschrift des persischen Herrschers **Dareios** stellte sich heraus, dass der Name **Katpatuka** (das Land der schönen Pferde) beziehungsweise **das Land der gutgezüchteten Pferde** bedeutet. Kappadokien wurde zu Zeiten der Perser **Katpatuka** genannt. Ob die Quelle dieser Namesngebung von den Hellenern, Persern, Lydiern oder Assyriern kommt ist umtritten. Während die Hetither nach Anatolien zu Pferde immigrierten, beschäftigte sich das bereits sesshafte Volk Anatoliens mit Landwirtschaft, Tierzucht und sogar mit Handel. Die Pferden wurden auch in Anatolien schon seit alten Zeiten benutzt. Wir hatten schon über **Hipparion** als Vorfahren der Pferde, bei denen es festgestellt wurde, voraussichtlich vor 10 Millionen Jahren gelebt zu haben, und in der späten **Miosen-Zeit** infolge der Explosionen der Berge Erciyes, Hasan und Göllü verloren gegangen sind, gesprochen. Die ersten Pferde wurden von den **Hurritern** in Mesopotamien(Umgebung von Malatya) gezähmt. Diese Zucht wurde von den Hellenern und Giriten übernommen.

Auch die Hetither hatten grossen Wert auf Pferdezucht gelegt. Wir stellen heraus durch das Werk eines Jungen, namens Kikkuli aus Mitanni in den Nägel-Inschriften in Boğzaköy heraus, dass sie sogar Pferdezuchtexperten aus Mitanni und Hurriten Ländern kommen liessen. Im ersten Jahrtausend v.Chr. war die anatolische Sprache vor allem durch die **Luwische** und **Pelasgische** Sprache gekennzeichnet. Das Wort Pferd wurde in der luwischen Sprache **Asu**/Asuwa genannt.

Das im Schwänkischen und Türkischen die gleiche Bedeutung tragende Wort **Süvari**(Reiter) von **Su-wari** entstammte aus dem Luwischen Wort **Asu/Asuwa**. Nach Herzfeld ist die Endung **Uka**, die zum Ende des Wortes hinzugefügt wird, in der luwischen und Hurritischen Sprache eine angepasste Form auf das Dialekt Med **Ukh** um **Volksnamen**/Volk abzuleiten. Aus Diesem Grund bedeutet **Katpat-uka** das(Heimat) des **Volkes Katpat**.

Zwischen den Jahren 2000-1000 v.Chr. war die Muttergöttin in Anatolien **Hepat**/Hepa und war ziemlich heilig. In der hurritischen Sprache nannte man sie auch **Khepat**/Hepat und meistens Heilige Muttergöttin, also **Kuta-Khepat**. Es wurde von Med's und Persern angepasst und nachher wandelte sich im hellenischen Dialekt auf das Wort **Kappadokien** um. Sollte das als **Katpatuka** ausgeprochene Wort **Kuta-Khepat-ukh**(das heilige Hepa Land/Volk sein?...

Das Wort, das in der persichen Sprache **das schöne Pferd** oder **derjenige, der schöne Pferde hatbedeutet**, ist das Wort **Huw-aspa**. **Aspa** bedeutet **Pferd** oder Hengst (Christian Bartholomae- Alttiranisches Wörterbuch). In der hellenischen Sprache heisst das schöne Pferd **Eu-hippos** und **Hipperion**(Vorfahren der Pferde) ist hellenisch. Egal was die Wörter bedeuten, steht eins fest, dass dort innerhalb der riesigen Grenzen Kappadokien's (ausschliesslich touristische Kappadokien) von Luwi's bis Hetitern von Persern bis zu den Römern gute Pfrede gezüchtet wurden.

Es gibt aber was anderes, was noch feststeht, das Volk von Kappadokien, das seit Tausend Jahren die **Muttergöttin** erhabten, umarmten auch die heilige Maria und ihren Sohn Jesus Christus. Trotz den sämtlichen Unterdrücken und Gewalt ist das Christentum in Anatolien gewachsen und breitete sich von da aus in die ganze Welt aus. All die Werk über die wir uns Mühe gegeben haben, aufzuklären unda auf denen wir Ausflüge machen, aus dem Christentum sind heute Beweise.

DIE CHRISTENTUMENTWICKLUNG IN ANATOLIA

Die erste Kirche in Anatolien wurde in Antakya in einen Felsen gehöhlt. Die Anzahl der Gläubigen nahm immer weiter zu, und unter der Führung des heiligen Barnabas wurden ein Jahr lang Versammlungen durchgeführt. Die Anhänger wurden zum ersten Mal in dieser Kirche zu Christen ernannt. Obwohl der Glaube ans Christentum zunächst in Jerusalem entstand und ein Teil der Apostel nach Christis Himmelfahrt Jerusalem verliessen, ist es interessant in wie kurzer Zeit sie nach Anatolien-Antakya gekommen sind. Zu dieser Antwort gelangt man mit Hilfe der Apostelgeschichte aus dem Neuen Testament. Die in Diaspora zerstreuten Juden kamen ein paar mal im Jahr an verschiedenen Orten zusammen und beteten in ihrer eigenen Sprache. In solch einen Moment geschah wie durch ein Wunder Gottes, dass die Juden in ihrer eigenen Sprache Zeuge der Verkündigung wurden.

Heilige Paulus:

Unter den Versammelten in Jerusalem befand sich auch Paulus, jüdischer Abtammung war und zum Apostel berufen wurde. Ein Teil der Juden setzten den im Alten Testament erwähnten Messias mit Jesus gleich und sahen ihn als ihren kommenden Befreier an. Paulus entstammte einer streng jüdischen Familie, besass tarsisches und römisches Bürgerrecht und war von Beruf Zeltmacher. Aufgrund seiner religiösen Formung durch den Pharisäimus stand Paulus den thorakritischen Christen zunächst ablehnend gegenüber und war sogar an Christenverfolgungen beteiligt. Die existenzielle Zäsur seines Lebens war die visionäre Begegnung mit Jesus Christus vor Damaskus.

Im Anschluss an dieses Damaskuserlebnis begann Paulus als christlicher Missionar auf Reisen zu gehen und den christlichen Glauben zu verbreiten. Viele dieser Reisen führte er in Anatolien durch. Kappadokien war zu diesen Zeiten unter römischer Herrschaft und musste sich einigen vorherrschenden Regeln anpassen.

Basilius der Grosse:

Basilius ist im Jahre 329 n. Chr. in Kayseri geboren und starb dort 379 n. Chr.. Er studierte in İstanbul und Athen. 370 n. Chr. wurde er Bischof von Kayseri. Basilius war ein Religionswissenschaftler, welcher viele Bücher schrieb und gleichzeitig Studien über die Organisation und Regeln der Kirche betrieb. Im Freilichtmuseum in Göreme befindet sich eine kleine Kappelle als Andenken an Basilius. Die Christen in Kappadokien haben das Andenken dieses heiligen Landsmannes jahrhundertelang in Schutz genommen.

Gregor von Nyssa(Nevşehir):

Gregor von Nevşehir ist 335 n.Chr. in Kayseri geboren. Er war ein bekannter Philosoph, Jurist und Kirchenoberhaupt. Seine religiöse Weiterbildung war auf den Einfluss von Bilius dem Grossen und Gregor von Nazianz zurückzuführen. 371 n. Chr. wurde er Bischof von Nevşehir und führte ab dieser Zeit viele Kriege gegen religiös ablenkende Strömungen. Gregor von Nevşehir starb 394 n. Chr., sein Feiertag wurde als der 9. März erklärt.

Gregor von Nazianz:

Gregor von Nazianz lebte im 4.Jahrhundert in Kappadokien, war Oberhaupt von drei Kirchen und galt als Heiliger. Er ist 330 n.Chr. in Nazianz, einer Provinz in der Nähe von Aksaray, geboren und starb 389 n. Chr. in Arianzos. Auch Gregor hat wie Bailius der Grosse und sein Bruder Gregor von Nevşehir gegen arianische Strömungen gekämpft.

In Kappadokien gibt es viele Kirchen, die den Namen Yılanlı Kirche(Kirche mit der Schlange) tragen, wie zum Beispiel in den Tälern von Göreme, Ihlara und Soğanlı. Der Name dieser Kirchen ist auf die Schlangendarstellungen an den Wänden zurückzuführen. Diese kolossale Schlange ist zum Einen zwischen zwei Kriegern dargestellt, die mit Speeren bewaffnet zu Pferde sind und zum Anderen gegenüber einem tapferem, mit einem Speer,

bewaffnetem Reiter, welcher versucht dieses grosse Tier zu bekämpfen. Diese mit Speeren bewaffneten Reiter sind der Heilige Theodoros und der Heilige Gregor. Legende zu Folge lebte an der Küste von Kızılırmak eine kolossale Schlange, die das Volk in Angst und Schrecken versetzte. Dieses Ungeheuer, welches weder Schaf noch Lamm zurückliess, fixierte sich dieses Mal auf ein schönes Mädchen, das einen Spaziergang am Flussufer machte. Während das Ungeheuer sich langsam an das Mädchen heranschlich, kam Gregor auf seinem Pferd zur Rettung und stach mit seinem Speer auf die Schlange ein. Anschliessend kehrten sie, die Schlange mit dem Gurt vom Mädchen befestigt, es hinterherschleifend ins Dorf zurück. Zu Zeiten der Christen ist die Geschichte vom Heiligen Gregor mit anderen Helden in der griechischen Mythologie wiederzufinden. Was in diesen Legenden höchstwahrscheinlich symbolisiert werden möchte, ist der Triumph des Heiligen Kreuzes gegen Grausamkeiten. Der Heilige Gregor und die Schlange waren ein immer wieder aufgenommenes Thema der Kirchenfresken. Diese Bilder stehen zum Einen als Symbol für die Christen und zum Anderen waren sie als Dankbarkeitsverpflichtung gegenüber dem Heiligen in den Kirchen vom Ihlara Tal und Göreme sehr oft wiederzufinden.

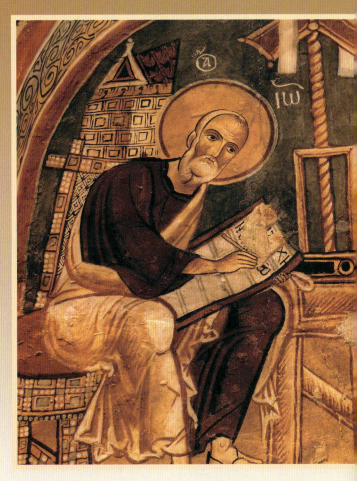

Fresken der Dunklen Kirche vom gekreuzigten Jesus (links) und Apostel Paulus (oben).

Die Heilige Barbara:

Die Heilige Barbara lebte in der Mitte des 2. Jahrhunderts n.Chr. in Nikomedia(Izmit). Sie war die Tochter eines Heiden, der Dios Kouros hiess. Barbara eröffnete ihrem Vater, dass sie das Christentum angenommen hat. Der verärgerte Vater brachte sie daraufhin zu einem Prefektus(Römer mit hohem Posten), welcher befahl seine Tochter mit dem Tode zu bestrafen. Der Vater nahm die Vollstreckung in die eigene Hand und schnitt ihr die Kehle auf. Daraufhin liess Gott den erbarmungslosen Vater mit einem Blitz verbrennen.

Der Heilige Polikarp:

Ein weiterer anatolischer Christ war Polikarp. Polikarp war Bischof von Izmir und wurde entweder 155 oder 167 n.Chr. in Izmir verbrannt. Er war 86

Jahre alt als er starb. Die Zeit, in der er lebte, war eine Zeit in der viel Druck auf das Christentum ausgeübt wurde. In einer Zirkusschau, wo Christen den Raubtieren zum Frass vorgeworfen wurden, schrie das Volk: *"Tod mit den Gottlosen, auch Polikarp soll hergebracht werden!"* Der Prokonsul bat Polikarp an, seinen Glauben aufzugeben. Polikarp sich zu den Heiden um und schrie mit der Hand winkend: *"Nieder mit den Gottlosen"*, womit er die Heiden meinte. Der Prokonsul drohte ihm ihn vor die Raubtiere zu werfen oder lebendig zu verbrennen. Aber Polikarp gab sich nicht dazu her seinen Glauben aufzugeben. Schliesslich wurde entschieden Polikarp lebendig zu verbrennen und anschliessend durchgeführt. Polikarp fand grosse Achtung bei den Christen, weil er Aufgrund seines Glaubens dem Tod ins Auge fasste.

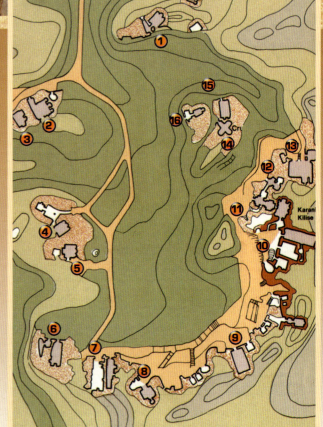

Das Klostertal in Göreme (Freilichtmuseum) (oben)

Plan des Freilichtmuseums (rechts)
1) Maedchenkloster 2) St.Basil Kapelle 3-9-10-16) Speisesaal
4) Elmalı Kirche 5) St.Barbara Kirche 6) Yılanlı Kirche
7) St.Onophrius Kirche 8) Grabstätte 11) St.Katharina Kapelle
12) Dunklen Kirche 13) Çarıklı(Sandal)Kirche
14-15) Kapelle

Göreme hieß im ersten Zeitalter **Korama** und nimmt eine 32 km² große Fläche ein. Sie liegt 17 km von Nevşehir entfernt und ist auch als **Feenkamintal** bekannt.

Im August 1705 wurde der Forscher Paul Lucas vom derzeit herrschenden französischen König Louis XIV. in das osmanische Reich gesandt. Als dieser schon in die Nähe von Ürgüp gelangte war er fasziniert vom Anblick der bewohnten verschiedenen Feenkamine, der Taubenschläge, der Kirchen, Grabstädten und vollkommen andersartigen Täler. Nach seiner Rückkehr nach Frankreich publizierte er 1712 seine Reisenotizen und Bilder.

Feenkaminen in Göreme, von Paul Lucas (1741).

Kappadokische Felskirchen:
Die Freilichtmuseum von Göreme

Lucas interpretierte die verschiedenen Konstruktionen zunächst als Pyramiden und glaubte dies seien Grabstätten einer verschollenen Zivilisation. Nach anschließender Analyse beschrieb er die etagenweise ausgehöhlten Felsbausiedlungen als schauderhaft und überspitzt.

Seine Reise löste Diskussionen aus und weckte gleichzeitig großes Interesse an diesem Gebiet. 1714 besuchte Lucas Kappadokien erneut um es nochmals zu untersuchen. Ungefähr 130 Jahre später wurde der Architekt Charles Texier beauf-

tragt Forschungen in Anatolien anzustellen. Nach Untersuchungen zwischen 1833 und 1837 bereitete er einen detaillierten Bericht unter dem Namen **Forschungen in Kleinasien (Anatolien)** vor, welches sowohl Bilder als auch Pläne beinhaltete. Texier beschrieb in dem Bericht über das Göreme Tal, das in der **Le Monde** Zeitschrift veröffentlich wurde, seine Bewunderung und Beeinflussung darüber. Einige Zeit darauf wurde Göreme von W.F.Answorth (1842) vom Geologen W.J. Hamilton (1837)und preusischem Feldmarschall Molkte

Die Kuppel der Yusuf Koç Kirche: Die Portraet der Heiligen.

(1838) besucht. Die Besuche wurden 1864 gefolgt vom englischen Architekten R. P. Pullan, zu Beginn des 20. Jahrhunderts vom Deutschen H. Rott und 1907-1912 vom französischen Priester G. de Jerphanion. Jerphanion führte unter dem Namen **Kappadokische Felskirchen** eine umfangreiche Untersuchung von Kirchen, Klöstern und Fresken durch.

Die untersuchten Fresken wurden in das 9. und 11. Jahrhundert datiert. Nur eine kleine Kapelle stufte man in das 7. Jahrhundert ein. All diese Untersuchungen lösten ein weltweites Interesse an Kappadokien aus. Sobald man von Kappadokien hörte entsinnte man sich sofort dem Namen Göreme. Göreme ist ein wichtiges Zentrum des frühbyzantinischen Zeitalters und ist eine Erbauung nach der ikonoklastischen Zeit. Nach der erneuten Freilassung der Ikone von Imperatorin Theodoria im Jahre 842 n. Chr. machte das Klosterleben unter byzantinischem Einfluß einen erneuten Anfang. Die Tokalı Kirche (10. Jh.) und Kılıçlar Kirche (10. Jh.) sind zwei sehr gute Beispiele dafür. 956 n. Chr., in der Zeit des Nikephoros II Phokas, nach der endgültigen Beendigung der arabischen Überfälle, breitete sich das Klosterleben außerhalb der Felsen aus. Ab dem 11. Jahrhundert fing in der Kircehenkunst ein aristokratisches Zeitalter an. Die Szenen dieser Epoche weisen erhebliche Unterschiede zur frühbyzantinischen Zeit auf. Die Bilder und Kompositionen, die von sachkundigen Malern

Die Schilderung des Augenblickes seiner Gefangennahme (oben)
Verkündigung an Maria (Dunklen Kirche) (rechts).

gefertigt wurden, sind ausgeglichener. Die Anwendungen von Säulen förderten den Übergang vom Kreuzpfeilsystem zum Kreuzkuppelsystem. Die Kirchen **Çarıklı**, **Elmalı** und **Karanlık** sind Beispiele dieser Sakralbaukunst. Nach dem 11. Jahrhundert begann bei den Fresken eine Unmenge von schlechten Fertigungen. Mit der Einführung der Schnittsteine in der Architektur breitete sich der Gebrauch von Holzikonen aus.

Das Göremetal und die Felskirchen sind dem Besucher heute als Freilichtmuseum eröffnet. Man geht davon aus ,dass neben den bekannten Kirchen noch viele hunderte anderer Kirchen existieren. Bis diese gefunden werden setzt man die Restauration der bereits entdeckten fort.

Die Predigtkanzel der Dunklen Kirche: Jesusbild (links)
Die Kreuzigung (oben) und Die Geburt und Taufe Christi (rechts).

Die Dunkle Kirche

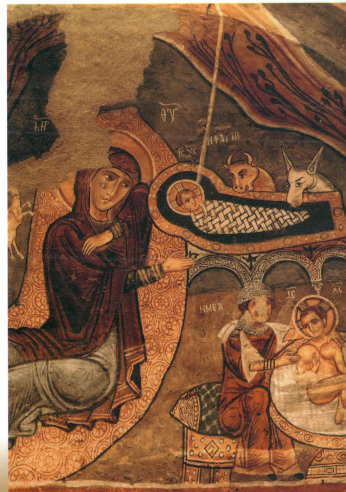

Diese Kirche wird in das 11. Jahrhundert datiert. Sie wurde mit viel Sorgfallt gebaut und besteht aus zwei Stockwerken. Sie ist durch mit Querräumen erweiterte, quadratische und überkuppelte Vierungen geprägt. An den Eingangskorridor gelangt man mit Hilfe einer Wendeltreppe. Aufgrund des Zusammenbruchs der Vorderfront des Felsens stehen ein Teil der Decke und des Salons im Freien. Dieser Bau sollte ursprünglich ein Kloster werden. Im oberen Bereich hielten sich die Priester auf.

Die Verklaerung Christi (links).
Die Kuppel der Dunklen Kirche: Jesusbild (oben)
Die Erweckung des Lazarus (rechts).

Der Eingang in die eigentliche Kirche erfolgt durch ein bogenförmig eingefasster Tor. Das Licht dieser Kreuzkuppelkirche führt nur durch eine Luke ein, der sich in den Eingangskorridor öffnet. Das ist der Grund ihrer Namensgebung.

Die Themen der Fresken :

Die Himmelfahrt Christi, das Segen der Heiligen, die Gastfreundschaft von Abraham, drei Engel und Jesus, Judas' Verrat, vier Frauen aus Galile, Klaofas, Maria, Yoanna Salome, die Gefangennahme, das letzte Abendmahl, die Kreuzigung, die Geburt Christi, Maria und Josef, die Taufe, die Ankunft der heiligen drei Könige und die Reise nach Bethlehem.

Die Geburt und Taufe Christi, Neue Tokalı Kirche (links)
Neue Tokalı, eine Ansicht der Narthex (oben).
Maria und das Jesuskind (rechts)

Die Tokalı Kirche

Diese Kirche wird in das 11. Jahrhundert datiert. Sie wurde mit viel Sorgfallt gebaut und besteht aus zwei Stockwerken. Sie ist durch mit Querräumen erweiterte, quadratische und überkuppelte Vierungen geprägt. An den Eingangskorridor gelangt man mit Hilfe einer Wendeltreppe.

Aufgrund des Zusammenbruchs der Vorderfront des Felsens stehen ein Teil der Decke und des Salons im Freien. Dieser Bau sollte ursprünglich ein Kloster werden. Im oberen Bereich hielten sich die Priester auf.

Die Kreuzigung (oben). Verkündigung an Maria (links)
Die Erziehung Marias im Tempel(rechts oben) und Die Schilderung des
Augenblickes seiner Gefangennahme (rechts unten).

Der Eingang in die eigentliche Kirche erfolgt durch ein bogenförmig eingefasster Tor.

Das Licht dieser Kreuzkuppelkirche führt nur durch eine Luke ein, der sich in den Eingangskorridor öffnet. Das ist der Grund ihrer Namensgebung.

Die Themen der Fresken: Die Himmelfahrt Christi, das Segen der Heiligen, die Gastfreundschaft von Abraham, drei Engel und Jesus, Judas' Verrat, vier Frauen aus Galile, Klaofas, Maria, Yoanna Salome, die Gefangennahme, das letzte Abendmahl, die Kreuzigung, die Geburt Christi, Maria und Josef, die Taufe, die Ankunft der heiligen drei Könige und die Reise nach Bethlehem.

Die Heilige Familie (links)
Die Himmelfahrt Christi (oben). Der Verrat Judas' (rechts)

Die Çarıklı Kirche

Die Çarıklı(Sandalen) Kirche wird in das 11. Jahrhundert datiert. Sie wurde mit viel Sorgfallt gebaut und besteht aus zwei Stockwerken. Sie ist durch mit Querräumen erweiterte, quadratische und überkuppelte Vierungen geprägt. An den Eingangskorridor gelangt man mit Hilfe einer Wendeltreppe. Aufgrund des Zusammenbruchs der Vorderfront des Felsens stehen ein Teil der Decke.

Die Themen der Fresken: Die Himmelfahrt Christi, das Segen der Heiligen, die Gastfreundschaft von Abraham, Judas'Verrat, vier Frauen aus Galile, Klaofas, Maria, Yoanna Salome, die Gefangennahme, das letzte Abendmahl, die Kreuzigung, die Geburt Christi, Maria und Josef, die Taufe u.s.w.

Jesus am Kreuz (links)
Jesus, Maria und Johannes der Taeufer (oben). Pantokrator Jesus (rechts).

Die Elmalı Kirche

Die Elmalı Kirche(Kirche mit dem Apfel) ist die kleinste Kreuzkuppelkirche im Göreme-Tal. Ihr Name ist auf die Apfelbäume in deren Umgebung zurückzuführen. Die dazugehörigen kleinen und großen Apside, die Querpfeiler und Kuppel unterstützen den Nachweis eines Kreuzkuppelsystems. Der architektonische Bau und die Fresken bilden einen schönen Einklang.

Die Verteilung der Szenen: Die Taufe Christi am Jordan, die Erweckung des Lazarus, die Kreuzigung, die Engel am Grab Jesu, Jesus und die segnende Hand(Mittelkuppel), die Portraits der Bibelschreiber, Elias, Daniel, Jonas und Erzengel Michael. An der Predigtkanzel: Jesus, Maria und Johannes.

Die Predigtkanzel der St.Catherine Kapelle (oben). Detaillierte Ansicht des Tonnengewölbes der Yılanlı Kirche(oben rechts) St.Barbara Kirche und ikonoklastische Symbole(unten rechts).

Die Yılanlı Kirche und die Kapelle der St.Catherine

Die Yılanlı Kirche (Kirche mit der Schlange) ist einschiffig und wird in das 11. Jahrhundert datiert. Sie besteht aus einem tonnengewölbten Eingangssalon und einem zweiten Bereich, dessen Decke glatt geformt ist. Die Kirche beinhaltet keine typische Predigtkanzel. An der Apsis unter der Tonnengewölbung ist Jesus abgebildet. Die Bilder an der Decke: St.Basilius, St.Thomas und St Onophrius (die, um sich als Frau vor Männer zu schützen zu Gott betete, der ihr daraufhin einen Bart wachsen ließ), St.Onosimos, St Gregor und St.Theodoros.

Die Kapelle der heiligen Catherine nimmt ihren Platz zwischen der Dunklen und Çarıklı Kirche ein und wird in das 11.Jahrhundert datiert. Sie ist kreuzförmig gebaut. Sie beinhaltet ein Kirchenschiff (Naos) und eine kleine Vorhalle (Narthex). Unter der Narthex liegen neun Gräber und in den Wänden ein Grab mit zwei Nischen. Die Kapelle ließ eine Wohltäterin mit Namen Anna erbauen. Figuren sind nur am Kirchenschiff zu finden. Die Kuppelbögen sind mit geometrischen Ausschmückungen versehen. Die Verteilung der Szenen:An der Schrankenanlage in der Apsis: Deesis. Darunter: die Kirchenväter in Medaillons (Gregor, Basilius, Johannes I. Chrysostomos). An der Südwand des nördlichen Kreuzarme: St.Gregor zu Pferd. Gegenüber davon : St.Theodoros, Hl.Catherine und andere heilige Abbildungen.

Die St.Barbara Kirche

Die St. Barbara Kirche ist eine einschiffige
Kirche. Die zweisäulige, durch mit Querarmen
erweiterte überkuppelte Vierungen geprägte und
zentrierte Kreuzkuppelkirche wird in die zweite
Hälfte des 11. Jahrhunderts datiert. Es ist
wahrscheinlich, dass die Bilder und Ausschmückungen von verschiedenen Menschen zu verschiedenen Zeiten gefertigt wurden. Obwohl die Ausschmückungen der Ikonoklastischen Zeit ähneln
beinhaltet es naif Symbole. An der Predigtkanzel ist
Jesus mit einer Bibel in der Hand abgebildet.
Desweiteren sind Bilder von St.Gregor, St.Theodor-
os und St.Barbara, die die Schlange töten und die
Flucht Marias nach Ägypten vorzufinden.

Einige Ansichten des Nonnenklosters.

Das Nonnenkloster

Das Nonnenkloster befindet sich auf der linken Seite nach dem Eintritt in das Göreme Freilichtmuseums. Der Bau ist ein ausgehöhlter sechsstöckiger Tuffkegel. Im ersten und im zweiten Stock befinden sich Esszimmer, Küche, Lagerraum und Wohnzimmer. Im dritten Stockwerk findet man eine kleine Grabstätte mit Predigtkanzel vor, die mit der Malkunst des 11. Jahrhunderts bemalt wurde.

Im vierten und fünften Stockwerk sind die Eingänge mit Mühlsteintüren versehen, welche höchstwahrscheinlich für den Schutz der Mädchen dienten.

Ansichten der El Nazar Kirche.

Die El Nazar Kirche

Die El Nazar Kirche ist die einzige in Göreme, die in das 10.Jahrhundert datiert wird. Sie wurde in einen zeltförmigen Fels eingehöhlt. Sie ist ein tonnengewölbter Kreuzkuppelbau mit einer halben Predigtkanzel im Form eines kurzarmigen T`s. Aufgrund dessen ähnelt sie einer kreuzförmigem Konstruktion.

Sie ist zweistöckig , dessen Eingang vermutlich im ersten Stock war und man mit Hilfe einer schmalen Wendeltreppe zum oberen Geschoss gelangte. Auch wenn die Kirche mit viel Sorgfalt errichtet wurde, brach eine Seite zusammen. Um die Fresken des Innenraums zu schützen stellte man diese Seite wieder her. Die Fresken und die Architektur bilden einen perfekten Einklang.

Die Verteilung der Szenen: An dem erhalten gebliebenen oberen Teil der Predigtkanzel: Jesus zwischen zwei Engeln, An der Innenseite: Die Geschichte der Apostel. An der Hauptkuppel: Die Apostel und Engel um Jesus(im Medaillon) herum.

Das Alte Çavusin. Verlassene Felshöhlen.

Çavuşin und die Nikophoros II Phokas Kirche

2,5 km nach der Verbindungsstrasse von Göreme und Avanos trifft man auf Çavuşin. Çavuşin besteht aus alten Steinhäusern die sich um einen massiven Fels herum angesiedelt haben. Erdbeben und Erosionen im Laufe der Zeit führten zu Zusammenbrüchen der Felsen, die einen verworrenen Anblick zurückließen. Vor alten Felsblöcken stehen verhältnismäßig neue Steinhäuser. Die dazwischen liegenden lagenweise hochragenden bogenförmige Bauten und die Unterkünfte und Gebetsräume in ausgehöhlten Felsen bieten einen interessanten Anblick. Die Außenwände der Tempel sind durch Zusammenbrüche enthüllt. Eines der ältesten Felskirchen von Kappadokien ist die St. Baptist Kirche, die versteckt zwischen den Felsen steht. Die Kirche ist eine Basilika und wurde auf die spitze eines Felsens eingehöhlt. Die Nikophoros Kirche liegt etwas weiter vom Alte Çavuşin Dorf. Im heutigen neuen Çavuşin Dorf wird diese Kirche auch Taubenschlag(Güvercinlik) genannt. Sie wurde als Andenken für den byzantinischen Imperatoren Nikophoros II Phokas gebaut, dessen Weg einmal zu Zeiten dort vorbei führte. Dieser Bau besteht aus drei Stockwerken und wurde in ein Felsmassiv

Gesamtansicht des Felsmassivs der Nikophoros II Phokas Kirche (oben).
Die zerfallene Fassade der Kirche undder heutige Eingang (rechts)

eingehöhlt. Da die Hauptfront des Felsens zusammenbrach ist nur ein Teil der Eingangssalons erhalten geblieben. Der Gottesdienst wurde im tonnengewölbten Raum abgehalten, der durch eine Säule gestützt ist und mit drei Apsiden versehen wurde. Die Kirche ist in der klassischen Kreuzplan gebaut. Die Themen der Fresken, die mit der Zeit Schäden erlitten, sind die Geburt und das Leben Christi, das Leben der Heiligen Mutter Maria und die Abbildungen von den Aposteln und Jesus. Am Eingang trifft man auch auf die Bilder vom Imperatoren Nikophoros II Phokas und seiner Familie.

PAŞABAĞ

Eigentümliche Feenkamine von Paşabağ. Rückseite: verschiedene Ansichten von Paşabağ.

*P*aşabağ liegt auf der Verbindungsstrasse zwischen Göreme und Avanos, 1 km einwärts nach Çavuşin. Dieses Tal, das sich zwischen Weinbergen und Obstbäumen befindet ist durch ihre eigentümlichen Feenkamine bekannt. Ein dreiköpfiger Feenkamin ist als das heilige Simeon Schlupfloch bekannt. Im 5. Jahrhundert n. Chr., lebte im Umkreis von Halep, der heilige **Simeon** ein zurückgezogenes Leben. Nach Gerüchten zufolge verbringe dieser Wunder und wurde aus diesem Grund vom Volk gequält. Daraufhin führte er sein Leben auf einem 2 Meter hohen Feenkamin fort. Später zog er auf den heute berühmten 3 köpfigen Feenkamin um und stieg nur runter, um sein Essen von seinen Jüngern entgegenzunehmen. Dieser Feenkamin wird in das 10. Jahrhundert datiert und beinhaltet einen Gebetsraum und eine Kammer um sich abzusondern. In dieser Kammer, in welche man mit Hilfe einer schmalen und steilen Treppe gelangt, sind Bilder vom Heilgen Kreuz vorzufinden. Paşabağ war jahrhundertelanger Aufenthalt von zurückgezogenen Geistlichen und ist unter Anderem als **Tal der Geistlichen** bekannt.

Zelve. Geheimnisvolle Orte eines zu Zeiten durchlebten intensiven Klosterlebens. Rückseite: verschiedene Ansichten von Zelve.

ZELVE

Das Freilichtmuseeum von Zelve ist sowohl aus geologischer als auch morphologischer Sicht eines der ältesten, bekanntesten und wichtigsten Gebiete Kappadokiens. Desweiteren ist es ein schönes Beispiel für die ersten Besiedlungen der Prä–ikonoklstischen und ikonoklastischen Zeit des Kloster–und Kirchenlebens in den ersten Jahrhunderten der Christentumentwicklung. An den Talabhängen trifft man auf zwei grosse Kirchen. Der Eingang einer Kirche ist eingestürzt an dem ein Bild von hängenden Fischen an den Armen des Kreuzes zu erkennen ist. Auf solch eine Darstellung traf man kein zweites Mal. Es befinden sich noch viele weitere Kirchen und Kapellen an den Abhängen zersrteut. An diesen Kirchen findet man eine Menge von Bildern des heiligen Kreuzes vor, die Sinnbild des Ikonoklasmus sind.

Die wenige Anzahl religiöser Darstellungen, lässt zurückführen, das die hier Lebenden auch vor dem Ikonoklasmus gegen Ikone waren.

*Derbent und die interessantesten Felsformationen
(oben und rechts)*

DERBENT

Das Derbent Tal in dem auch Kamelrundgänge durchgeführt werden, wird unter Anderem das 'Rosa Tal' genannt. In dem Weg,der durch das Tal führt trifft man beim Durchqueren auf interessante Felsformen. Das Derbent Tal ist vor Allem durch seine eigentümlichen Feenkamine bekannt. Läuft man etwas weiter trifft man auf pinguinähnliche und delphinähnliche Feenkamine. Rechts davon steht die Heilige Mutter Maria mit breitem Rock und neben ihr erheben sich grosse und kleine Menschenfiguren. Auch wenn sich in diesem Tal keine Kirche befindet, versetzt hier ein Spaziergang einen in eine vollkommen andere Welt friedlicher Naturwunder.

Das Pancarlı Tal in Ürgüp und das berühmte Feenkamintrio(links und oben). Rückseite : Die "Hallaç" Kloster und die "Pancarlı" Kirche.

ÜRGÜP

Ürgüp befindet sich im mittleren Bereich des Kızılırmak und liegt 23 km östlich von Nevşehir. Sie ist ein reizender und einzigartiger Ort. Ürgüp wurde im Tal zwischen den im Süden liegenden Bergen Avla und Germil und östlich liegenden Tekke und Topuz Bergen gegründet.

Der Name stammt aus hetithischer Sprache von dem Wort **Ur-kup**'(viele Burgen). Sie befindet sich auf einer Höhe von 1060 Metern. Im 18. Jahrhundert wurde die Stadt und Umgebung nach dem ersten Besuch von **Paul Lucas** weltweit bekannt. Nach seiner Rückkehr nach Frankreich beschrieb er

Die Tuffkegel von Ürgüp als *"fantastische Grabstätte einer verschwundenenantiken Stadt"*. Später wurde die Stadt durch R.P. Guillaume de Jerphanion, welcher die Felskirchen von nahem betrachtete und analysierte ein weiteres Mal der Welt vorgestellt. Ürgüp ist ebenfalls interessant durch ihre typisch kappadokischen Felshäuser und Eigentümlichen Steinhäuser.

Die bekanntesten Sehenswürdigkeiten sind die Grabmäler Altıkapı und Nükreddin, die Tahır Ağa Bibliothek, der unterirdische Weg und das Museum archäologischer une ethnographischer Werke.

Ein typisches Sinassos Haus (oben)
Das Tor der Apostelkirche(Aya Vasili) (rechts)

Mustafapaşa

Mustafa Paşa liegt 5 km südlich von Ürgüp. Der frühere Name **Sinassos** kommt vom Lydischen **sin-uwa-assos** und bedeutet **Fischdorf**/Stadt. Diese Bennennung könnte auf ihre Lage nahe des Damsa Baches zurückzuführen sein. In der Ortschaft Kemerlidere findet man einige Felshäuser vor. Das meiste Interesse liegt vor allem an den berühmten Steinhäusern. Die Verzierungen an diesen Häusern sind Beispiele der mit viel Sorgfalt verarbeiteten und an die nachfolgenden Generationen weitergegeben Kunst. Die vordergründigsten Bauten von Mustafa Paşa sind die Kirchen Haghia Vasili, Sinassoss, St.Basel(ikonoklastisches Zeitalter) und Tavşanlı.

Die Ortahisar Burg (links). Typische Steinhaeuser von Ortahisar (oben).

ORTAHİSAR

Ortahisar ist eine schöne Ortschaft von Ürgüp. Sie liegt auf der Verbindungstrasse zwischen Kayseri und Nevşehir, ein Kilometer von Ürgüp entfernt. Ortahisar und Umgebung zieht seine Aufmerksamkeit durch die historischen Klöster und Kirchen und die berühmte ausgehöhlte Felsburg auf sich.

Die Christen suchten wegen Angriffen, durch Ihren Glauben in dieser Burg Unterkunft. Weiter in Richtung Norden zwischen den Weinbergen findet man eine Kapelle von Nicetas und die Cambazlı Kirche, eine byzantinisch geprägte Dorfkirche vor. Des weiteren trifft man im Meskender Bach auf die St. Paulus und St. Peter Kirchen, in Kepez auf eine Kirche aus dem 11.Jahrhundert und auf das Hallaç Klosterund am Balkan Bach in Ibrahimpaşa und Üzengidere auf einige wichtige Kirchen.

All diese Kirchen sind die wichtigsten religiös geprägten Bauten von Ortahisar.

Eigentümliche Feenkamine von Uçhisar (links). Die Uçhisar Burg und Umgebung (oben)

UÇHİSAR

Uçhisar ist eine kleine Ortschaft, die auf der Verbindungsstrasse zwischen Ürgüp und Nevşehir, ein Kilometer von Nevşehir entfernt liegt. Sie steht auf der höchsten Stelle des Tales. Uçhisar bekam seinen Namen wie Ortahisar von seiner Burg. Man geht davon aus, dass diese Burg seit den Hetithern besteht. Sie zieht ihre Aufmerksamkeit wegen ihrer strategischen Position und wegen dem Befund von Karawanwegen auf sich. Durch kontinuierlich auftretende Erosionen seiner Zeit musste das Volk, das sich um die Burg herum niederließ weiter hinab ansiedeln. Die grauen Tuffkegelkolonien am Fuß der Burg waren und sind noch immer Unterkünfte vieler Familien. Sowohl im Sommer als auch im Winter besteht eine konstante Temperatur, es gibt dort keine Käfer und sie können den Innenraum ausweiten, wann immer sie wollen. Die Aussicht des Tales von der Burg reicht bis nach Göreme. Der endlose Anblick von weiß, rosa und gelb variierenden Felsformen ist unvergleichlich. Die für dieses Gebiet eigentümlichen Taubenschläge sind noch immer ein fortwährender Bestand aus alter Tradition. Neben der Teppich - und Onyx (Weisser Stein) verarbeitung sind auch seit der neolithischen Zeit verarbeitenden blauen Apatit Steine für Schmuckanfertigung sehr berühmt.

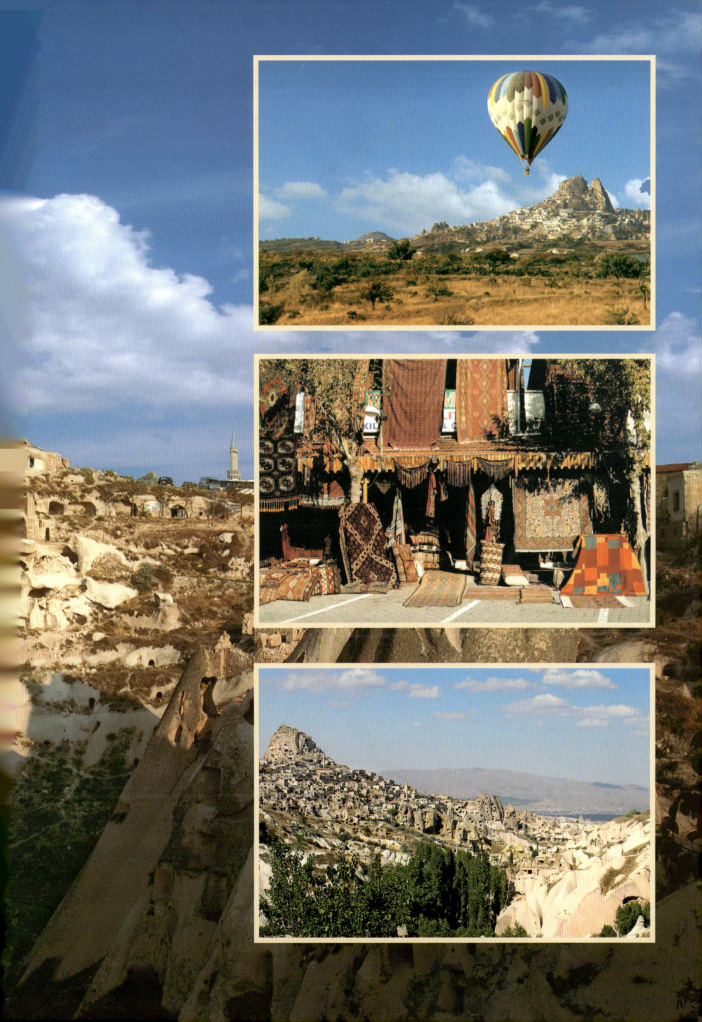

DAS TAL VON IHLARA

Das Ihlara Tal und ihm leben spendende Melendiz Gewaesser.

Das Ihlara (Peristrema /Belisırama) Tal erstreckt sich nordöstlich von Hasan Berg bis zu 14 km entlang des Melendiz Baches zwischen Ihlara, Selime und Yaprakhisar. Peristremma bedeutet auf Hellenisch "**alle Seiten sind gewölbt**". Der Name ist auf seine Form zurückzuführen. Heute wird das Tal Ihlara genannt. Das Ihlara Dorf (Yesilyurt) liegt am südlichen Ende des Tales. Die Höhe des Tales liegt zwischen 100 und 200 Metern. Die Form entstand durch Spaltungen der grünlichen Feldspaltfelsen. Die traumhaften, majestätischen Feenkamine und Burgen Salamons schmücken ein Ende des Tales.

Im Jahr 1958 lernte das Paar **Nicole und Michelle Thierry**, die zu Beginn des 20. Jahrhunderts von H. Rott, Ramsay und Bell erforschten, die Kirchen von Nahem kennen. Die von Zeit zu Zeit abbrechenden Felssteine liegen zerstreut auf den, selbst heute, schmalen und winkeligen Passiergängen. Es ist erschwerlich zwischen diesen Ansammlungen von Felssteinen die Kirchen zu unterscheiden. Die erreichbaren wurden von dem Paar untersucht und im Gegensatz zu R.P.Guillaume de Jerphanion, welcher alle Kirchen

Die Kuppelbilder der Ağaçaltı Kirche. Himmelfahrt mit Engeln.

in einer Gruppe verband und sie die **kappadokischen Felskirchen** (1925-1942) nannte, unterscheidende Elemente gefunden.

Nach diesen Untersuchungen zwischen 1958-1963 teilten das Paar, nach zusammengestellten Funden in ihrem Buch, die Kirchen ihren Symbolen zu Folge in zwei Gruppen ein. Die Bilder um Ihlara herum, die als kappadokische oder byzantinische Form bekannt waren weisten Unterschiede zu diesen Gruppen auf. Sie ähnelten eher ägyptisch-romanischer, zum Teil sasanitischer und mitunter der Kunst der ersten Christen. In all diesen Bildern stehen die Bibelszenen als Symbol im Vordergrund. Die dazugehörigen Kirchen sind die Eğritaş Kirche, die Yılanlı Kirche, die Kokar Kirche die Pürenliseki Kirche (4.Jahrhundert) und die Ağaçalti Kirche (5.

Jahrhundert). Die Kirchen in der Mitte des Tales um Belisırma herum sind von der byzantinischen Kunst geprägt. Beispiele dafür sind die Bahaeddin Samanlığı Kirche, die Direkli Kirche, Die Sümbüllü Kirche (10.Jahrhundret) und die Kırkdamatlı Kirche (St.George Kirche 13.Jahrhundert). Die im 7. Jahrhundert beginnende arabische Strömung nach Kappadokien konnte aufgrund der versteckten Burgen und hohen Felsen nicht zu den Kirchen und Klöstern vordringen.

In der Mitte des 10. Jahrhunderts begann Kappadokien sich dem byzantinischen Boden anzuschließen, wodurch es zur Zunahme von Kirchen und Klöstern kam. Die Ala Kirche, Karagedik Kirche(11. Jahrhundert) und die Kızıl Kirche in Sivrihisar-Gelveri sind Beispiele davon.

*Die Yılanlı Kirche. Portraeten der Propheten (oben)
und Der Engel Michael (rechts).*

Aksaray war in den ersten Jahren der Christentu-
mausbreitung ein religiöses Zentrum. Basilius von
Kayseri und Gregor von Nazianz wurden im
4.Jahrhundert (hier) in Aksaray ausgebildet. Die
Regeln für das Klosterleben, die sich vom ägyptischen und syrischen System unterscheiden wurden
hier festgelegt. Auf diese Weise entstand das
griechisch-slawische Klostersystem. Im ägyptischen
und syrischen Systen ziehen sich die Mönche von
der Welt zurück und widmen sich nur Gott. Basilius
und Gregor fanden es angemessen, dass die
Mönche neben Gottesdiensten auch arbeiteten und
der Welt von Nutzen sein sollten. Dieses System
breitete sich in der griechischen und slawischen
Welt aus und setzte die Grundsteine für den frühbyzantinischen Glauben.

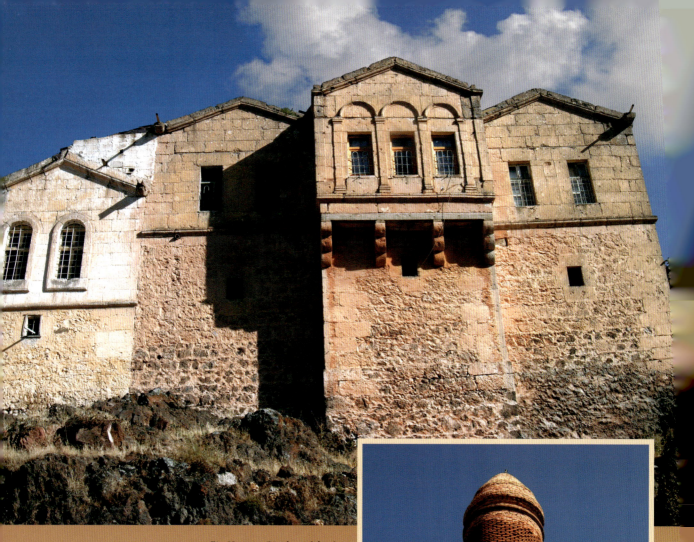

Ein Haus in Güzelyurt (oben)
Das Schraege Minarett (Eğri Minarett) (rechts)

AKSARAY

Aksaray liegt 60 Meilen nordöstlich von Konya. Der Name ist auf den letzten König Kappadokiens **Archelaos** zurückzuführen. Einigen Quellen zufolge liess der seldschukische Sultan İzzettin Kılıçarslan im Jahr 1202 eine Burg aus weissen Steinen errichten, die spaeter den Namen Aksaray erhielt.

Stadt lag früher eine lange Zeit unter hetithischer Herrschaft, was aus den Denkmaelern und Inschriften der hetithischen Burg zu folgern ist. Grosse Moschee (Ulu Camii), die heute als Museum genutzte Zinciriye, die Nakkaşi Moschee, das Schraege Minarett, das Taptuk Grabmal, das Paşa Hamam (Bad),der Ziga Kurort sind eine der wichtigsten Bauten in und um Aksaray.

Die Cami Kirche (St. Gregor Kirche).

Güzelyurt und das Klostertal

Gelveri ist eine Ortschaft, die 15 km vom Ihlara Tal und 40 km südöstlich von Aksaray liegt. Die ersten Funde über das menschliche Dasein sind auf das chalkolithische Zeitalter zurückzuführen. Die Untersuchungen in der Yüksek Kirche dieses Gebiets beweisen diese Vermutungen. Der frühere Name Gelveri, von Güzelyurt, stammt aus dem lydischen Wort **Karballa** und bedeutet **Hügel**/kleiner Gipfel. In der heutigen Cevizli Strasse und im Ortszentrum befinden sich unterirdische Städte der Hethiter. Nach der Ausbreitung des Christentums in Kappadokien spielten Vater und Sohn Gregor eine große Rolle beim Bedeutungsgewinn an Güzelyurt. Gelveri war früher Teil des Gebietes **Nazianz**. Die Lehren des Gregor Theologus führten nach Jahrhunderten von Jahren zur Entstehung einer neuen Konfession. In Güzelyurt befindet sich eine Kirche, die heilige Erlasse des Gregor aufbewahrt. Die ersten Kirchenlieder, welche hier gesungen wurden, bereiteten den Boden für die Musikgeschichte. Die Kreuzbau geformte Kirche ist in das 6. Jahrhundert nach Christus datiert. Güzelyurt vereinigt mit ihren unterirdischen Städten, Felsaushöhlungen, Kirchen traditionell byzantinischen Bauten, dem Klostertal und Feenkaminen alle Besonderheiten Kappadokiens.

Die wichtigsten Kirchen sind: die Hochgelegene Kirche (Yüksek Kirche), die Sivişli Kirche, die Koç Kirche, die Ahmatlı Kirche und die Kızıl Kirche (Rote Kirche).

In Kappadoken verlief, seit der prähistorischen Zeit, das Dasein der Menschen in Höhlen oder in ausgehöhlten Felsen. Die Menschen, die während der schweren Bedingungen der Eiszeit zu überleben versuchten, verwandelten die Felsen in geeignete Schlupflöcher. Die zum Aushöhlen geeigneten Tufffelsen wurden mit Gallerien, Bunkern, Tempeln und Grabstätten eingerichtet. Zum grössten Teil dienten die Talabhänge zur Behausung. Bei Gefahr oder Gebrauch rückten sie durch Aushöhlungen tiefer in die Felsen vor. Diese Lebensweise hielt Generationen lang an.Später, im frühen Christentum, wurde dies der ideale Ort für die Menschen und Geistlichen, die ein Klosterleben führten und sich von der Aussenwelt abkapselten.

Die unterirdische Stadt Derinkuyu. Das Raetsel der anatolischen Menschheitsgeschichte.

Die unterirdischen Städte Kappadokiens

Ein Schriftsteller der antiken Zeit namens Xenophon(430-355 n. Chr.) äusserte sich folgendermaßen über die unterirdischen Städte Kappadokiens: *"Die Häuser der Dörfer wurden unterirdisch gebaut. Die Eingänge sind schmal wie Brunnenöffnungen, aber die Räume sind ziemlich breit. Selbst Tiere halten sich dort auf, für die eigene Wege gebaut wurden. Wenn man nicht wüsste, wie die hineingelangen, wäre der Eingang für Tiere nicht zu erkennen. Die Bewohner steigen per Leiter zu den Tieren herunter. Es gibt Schafe, Ziegen, Rinder, Federvieh und sogar deren Jungen."* ,und führte hinzu: *"Die Einheimischen brauten Bier in Krügen, deren Gersten auf der Oberfläche schwommen. Wenn sie durstig wurden, tranken sie mit Strohhälmen daraus um es nicht zu trüben und gossen anchliessend Wasser nach. Dieses Bier ist ziemlich stark. Ausserdem sind ihre Trauben sehr gut zum Wein geeignet, deren Produktion nicht vergessen wurde. Zum Abschied schenkten sie uns Wein, den sie in Säcken aus Maultieren und Schafen aufbewahren."*. Die Anzahl der unterirdischen Besiedlungen beträgt etwa 200. Die Bevölkerungszahl der unterirdischen Städte kann ungefähr durch die Anzahl der Bewohner eines oder von ein paar Dörfern eingeschätzt werden.

Kappadokien musste sich, zu verschiedenen Zeiten in der Geschichte durch verschiedene Mächte, vielen Überfällen unterziehen. Die Landwirtschaftler und Viehzüchter zogen sich bei Gefahrsituationen, mit ihren Tieren, in solche Höhlen zurück und führten dort ihr Leben fort. Auf diese Weise erweiterten unterschiedliche Stämme zu verschiedenen Zeiten, welche durch geheime Gänge in die Höhlen gelangten, diese je nach Bedarf in die Tiefe. Die aus hunderten von Räumen bestehenden Besiedlungen waren durch Tünnel und Korridore miteinander verknüpft. Die noch heute schwer begehbaren Gänge sind mit **Mühlsteintüren**, deren Durchmesser 1-1,5 m, Breite 30-50 cm und Gewicht 200-300 kg beträgt, an den Enden der Tünnel verriegelbar. Bei Gefahr wurden diese Riegel von Innen vorgeschoben und mit einem Holzklotz verschlossen. In der Mitte der Mühlsteintüre befanden sich Löcher, durch die die Feinde beobachtet und bei Not mit Speeren getötet werden konnten. Auf diese Weise versperrten die getöteten Feinde den schmalen Korridor und machten es unmöglich vorzurücken.

Auch wenn die unterirdischen Städte und Besiedlungen Kappadokiens, einige Unterschiede aufweisen, haben sie doch grosse Ähnlichkeiten miteinander. Alle beinhalteten breite Ställe für den Aufenthalt der Tiere, sowie lange Schornsteine zur Belüftung, zur Benachrichtigung und um Lebensmittel und der gleichen herunterzulassen. Desweiteren findet man Schlafzimmer, Räume für Lebensmittel, Weinkeller, Küchen, eingehöhlte Öfen im Boden, die **tandır** genannt werden, Mulden für Proviantkrüge, Sitzflächen, schmale Kommunikationskanäle zur Benachrichtigung zwischen den Etagen, Toiletten und Abflussgruben vor. Gekünstelte Brunnen, die zur Oberfläche führten, dienten zum Schutz vor eventuellen Vergiftungen des Wassers von seitens der Feinde.

Diese Methode hatte den Zweck die eigentlichen Wasserquellen der Einwohner zu schützen. Es befanden sich sogar Katakomben um die Toten vorläufig zu verstecken. Die Räume wur-

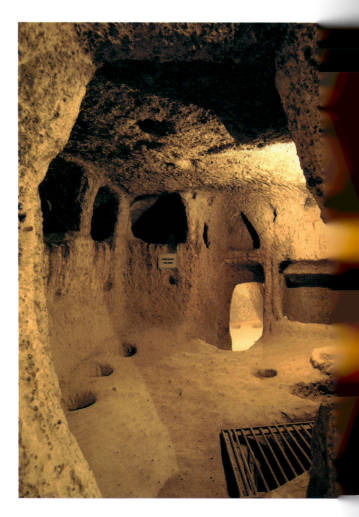

Eine Ansicht der unterirdischen Stadt Kaymaklı. Verbindungswege verschiedener Raeume (oben).

den mit Hilfe von Öllampen beleuchtet. Desweiteren nutzte man dieses Öl zur Beirrung durchdringender Feinde, indem es glühend in, mit Fallen ausgestellten, Sackgassen gegossen wurde. Die Temperaturen der Räume betrugen zu jeder Jahreszeit, aufgrund der isolierenden Besonderheit des Tuffs, konstant 14-16 Grad Celsius. Die Bewohner wärmten sich mit dem wärmeverbreitenden Beleuchtungssystem der Öllampen auf.

Fünden arkeologischer Ausgrabungen zu Folge bedienten sich die Menschen seit dem 3. Jahrtausend v. Chr. von Metallen. Auch die Hetither nutzten diese Höhlen zu verschiedenen Zwecken. Die hetithischen Inschriften an einigen Eingängen

Die unterirdische Stadt Kaymaklı. Die Basilika (oben),
Die Tünnel der unterirdischen Stadt Acıgöl (rechts).

bestätigen diese Annahmen. Die Felsen wurden mit Hilfe von Metallwerkzeugen aus Rohstoffen geschliffen und aushgehöhlt, welches auf die sorgfältigen und präzisen Schleifspuren zurückzuführen ist.

Es ergibt sich jedoch folgende Frage: Wenn diese Tufffelsen so leicht auszuhöhlen sind, wie kommt es dann, dass diese Räume und Verriegelungen aus Stein so lang erhalten bleiben konnten? Die Oberflächen dieser leicht zu schleifenden Steine verhärten sich nach ungefähr 48 Stunden in Verbindung mit Luft, durch den Einfluss von Oxidation und bilden mit der Zeit bis zu 6 cm krustenartige Schutzschichten.

Vorstellung einer unterirdischen Stadt

Eingang
Durchgangstelle
Weinkelterei
Saal
Kirche
Grab
Vorrats-Küche
Stufe

Torstein
Schornstein-Brunnen
Kamin
Zimmer
Toilette-Bain
Ausgang
Stall
Ohne Aussicht

*Die unterirdische Stadt Derinkuyu. Eine Mühlsteintür (links),
Die Kirche der unterirdischen Stadt Kaymaklı (oben).*

Die unterirdische Stadt Kaymaklı

Kaymaklı und Derinkuyu sind breite und vertiefte Becken, die an der niedrigsten Stelle der Melendiz Berge, auf dem Nevşehir-Niğde Weg liegen. Auch wenn sich in diesen Gebieten keine Brunnen oder Quellen befinden, weiss man über einige Quellen und unterirdische Flüsse aus alter Zeit bescheid. Bis zu 100 Häuser vom **Kaymaklı** Dorf , dessen früherer Name **Enegüp** lautete, wurden um den Tunnel, der zur unterirdischen Stadt führt, herum gebaut. Die Bewohner des Dorfes nutzen noch heute einige geeignete Plätze der unterirdischen Stadt ,deren Tünnel sich zu den Höfen öffnen, als Vorratskammer, Lagerhaus und Stall. Die unterirdische Stadt Kaymaklı weist Unterschiede zur unterirdischen Stadt Derinkuyu in Bezug auf Plan und Gründung auf. Die

Gänge der unterirdischen Stadt Kaymaklı sind eng, flach und geneigt. Bisher konnten nur vier Stockwerke ausgegraben werden. Die Räume befinden sich meist um die Luftschächte herum. Die Anzahl der Etagen konnte noch nicht genau festgestellt werden. Direkt über den Felsen der unterirdischen Stadt fand man schlicht gebaute Gräber.

In **1.Stockwerk** gibt es ein Stall. Seite des Stalles findet man einen Mühlsteinriegel vor, der zur Kirche führt in **2.Stockwerk**. Auf der rechten Seite trifft man auf kleine ausgehöhlte Räume zum täglichen Aufenthalt. **3.Stockwerk** ist das wichtigste unter Allen. Hier befinden sich die Vorratslager. **4.Stockwerk:** In dieser Etage gibt es ein Weinkeller, Vorratslager und Plätzen für Krüge.

Die unterirdische Stadt Kaymaklı (oben und rechts).
Die unterirdische Stadt Özkonak. Ein typisches Durchgangssystem (rechts).

Derinkuyu

Derinkuyu, dessen früherer Name **Malahopea** oder **Melegop** lautete, liegt etwa 29 km von Nevşehir entfernt. Die 1965 eröffnete unterirdische Stadt Derinkuyu hat, nach der Länge des Luftschachtes, eine Tiefe von 40 m. Wenn man aber den Wasserbrunnen aus dem 7. Stockwerk, dessen Öffnung zur Oberfläche noch nicht gefunden wurde, vor Augen hält, beträgt die Tiefe etwa 85 m. Es befinden sich 52 Luftschächte im Untergrund, deren unterer Bereich als Wasserbrunnen und oberer Bereich zur Lüftung dienen. Alle 8 Stockwerke sind noch immer zur Besichtigung offen. Mit einer Fläche von 2.5 km² wird sie als die gösste unterirdische Stadt dieses

Gebietes eingeschätzt. **1.Stockwerk:** In dieser Etage gibt es ein Stall, ein Weinkeller, einer Kirche und Missionarschule. An beiden Seiten des Korridors zum 2. Stockwerk finden sich Sitzräume vor. **2.Stockwerk:** In dieser Etage gibt es ein Küche, ein Ofen und ein Weinkeller eine Traubenpresse und eine Rinne aus Stein und Wohnzimmern. **3.Stockwerk:** ist der Bereich, der den grössten Proviantlager speichert. Gleichzeitig führt von hier ein Tunnel zum Wasserbrunnen. Ein schmaler, hoher, langer und gekrümmter Gang führt vom 3.Stockwerk direkt zum 5. Stock. Eine Mühlsteintür dient zum Verschluss des Ganges. In **4.Stockwerk** gibt es Wohnzimmern und Proviantlagern. **5.Stockwerk:** Auf beiden Seiten des Ganges zum **6.Stock** finden sich Räume zum täglichen Aufenthalt vor. Dieser Gang ist mit zwei

Mühlsteintüren versehen. **7.Stockwerk:** ist der grösste Bereich in der unterirdischen Stadt und wird durch drei Säulen gestützt. In diesem Bereich befindet sich eine Kirche, ein Wasserbrunnen und ein Grabstätte. Direkt gegenüber der Kirche trifft man auf einen dreisäuligen Konferenzraum. **8.Stockwerk** besteht nur aus einem kleinen Zimmer und einem Luftschacht.

Özkonak

Die unterirdische Stadt Özkonak befindet sich 14 km von Avanos in der Kleinstadt Özkonak. Im Unterschied zu den unterirdischen Städten Kaymaklı und

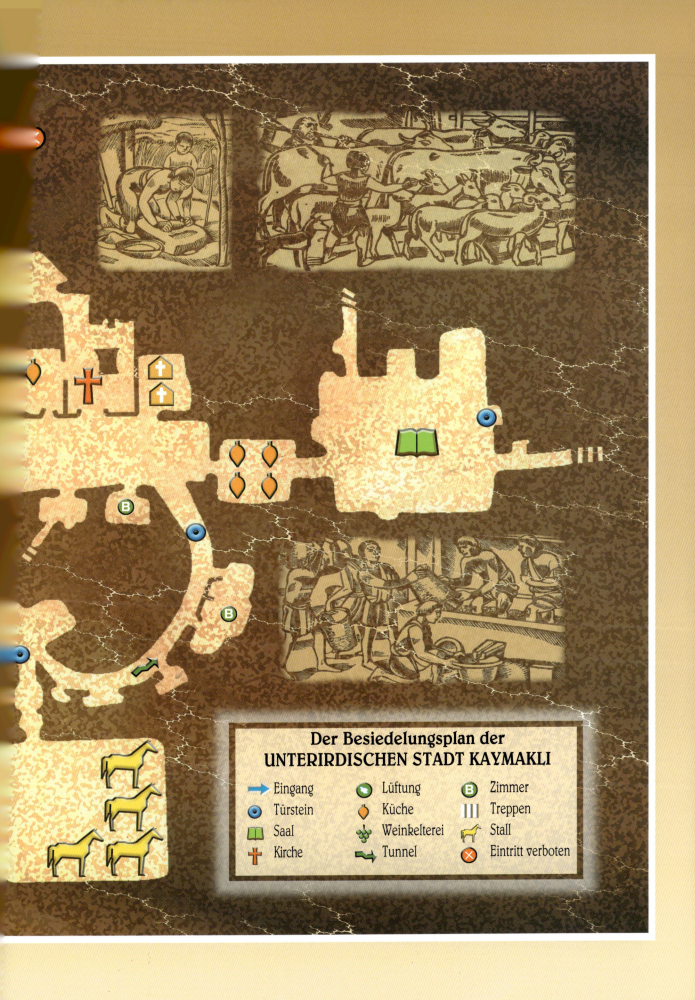

Der Besiedelungsplan der
UNTERIRDISCHEN STADT KAYMAKLI

- → Eingang
- ⦿ Türstein
- 📖 Saal
- ✟ Kirche
- ◗ Lüftung
- 🔶 Küche
- ⚘ Weinkelterei
- → Tunnel
- Ⓑ Zimmer
- ||| Treppen
- 🐎 Stall
- ⊗ Eintritt verboten

Die Toiletten der unterirdischen Stadt Tatlarin (oben).
Verschiedene Ansichten der unterirdischen Stadt Saratlı (rechts).

dem Tourismus bis heute nicht geöffnet wurden, und ist der Überzeugung, dass sich diese Höhlen in der römischen Zeit entwickelten und als Zufluchtsort dienten. Die unterirdische Stadt besteht aus drei Stockwerken und wurde aufgrund ihrer 40 Zimmer **Vierziauge** genannt. Man geht aber davon aus, dass sie aus 7 Stockwerken besteht. Sie beinhaltet Vorratskammern, Toiletten, Baderäume, lange Korridore, Luftschächte, Ställe und Weinkeller.

Acıgöl-Tatlarin

Die Kleinstadt Tatlarin liegt in Nevşehir, 40 km vom Kreis Acıgöl entfernt. Sie gehört aufgrund ihrer unterirdischen Stadt, Kirchen und Architektur der Behausungen zu den interessantesten Gebieten Kappadokiens. Die unterirdische Besiedlung nimmt ihren Platz am Abhang des sogenannten Hügels **Burg** ein. Die Grösse der Räume und die hohe Anzahl von Vorratskammern und Kirchen lässt folgern, dass dieser Untergund entweder als Millitärbesatzung oder Kloster genutzt wurde. Die unterirdische Stadt nahm einen grossen Platz in Anspruch, aber nur ein kleiner Teil konnte bisher gesäubert werden. Die wichtigste Beonderheit der Höhle ist, dass sie mit Ausnahme der unterirdischen Stadt Güzelyurt, sonst selten vorzufindende Toiletten besitzt.

Derinkuyu findet man hier schmale und lange Löcher zur Benachrichtigung zwischen den Stockwerken vor. Nach dem Verschluss der Eingänge, der ebenmässig gebauten Räume, wird die Lüftung unter Anderem durch diese Löcher gesichert.

Saratlı

Die Kleinstadt Saratlı liegt im Landkreis von Gülağaç in Aksaray, 3 km einwärts von der Verbindungsstrasse zwischen Aksaray und Nevşehir. Man fand eine grosse Anzahl von Höhlen vor, die

Mazı

Der antike Name der unterirdischen Stadt Mazı lautet **Mazata**. Sie liegt 18 km südlich von Ürgüp und 10 km nördlich von der unterirdischen Stadt Kaymaklı. Es wurden vier Eingänge an verschiedenen Bereichen festgestellt. Der Ein- und Ausgang wurde durch eine grosse Mühlsteintür kontrolliert. Die Ställe, die sich auf breite Flächen ausweiten, unterscheiden sich nicht von anderen Unterirdischen. Von den Ställen führt ein kurzer Korridor zur Kirche der unterirdischen Stadt.

Im Laufe der Jahrhunderte füllten sich die lehrste-
henden Städte mit Schnee, Regenwasser, Steinen und
Erde. Einige Stellen sind teilweise oder komplett verschlossen. Aus diesem Grund baute man ohne Wissen
Dörfer und Kleinstädte darauf.An die ersten Informationen über die unterirdischen Städte gelangte man mit
Hilfe des Buches Anabasis von Xenophon. Da dieses
Buch in das 4. Jahrhundert v. Chr. datiert wird, können
auch die unterirdischen Städte in diese Zeit eingeordnet
werden.Die ersten Forschungen darüber wurden zwischen 1960-1970 von Martin Urban durchgeführt. Urban
jedoch ordnet die unterirdischen Besiedlungen in die
Zeit des 7.und 8.Jahrhunderts ein.Die folgenden
unterirdischen Städte sind die wichtigsten Kappadokiens.

Verschiedene Ansichten des Soğanlı Tals (links) und die Bilder des Altars der Karabaş-Kirche (oben).

DAS SOĞANLI TAL

Das Tal befindet sich 25 km südöstlich von Derinkuyu und liegt 5 km einwärts von der Verbindungsstrasse zwischen Yeşilhisar und Ürgüp. Der genaue Standpunkt liegt im Güzelöz Bezirk, das frühere **Mavrucan** Gebiet im Zentrum des Ihlara und Erciyes Bogens. Das 25 km lange Tal wurde seiner Zeit von R.P.Guillaume analysiert und beurteilt. Der Unterschied dieses Tales zu Ürgüp und Göreme ist, dass die Abhänge mit einer Neigung von 60 Grad in die Höhe ragen und von steilen Felswänden umgeben sind. Es hat eine

gewisse Ähnlichkeit mit Selime Yaprakhisar und Ihlara. Die entstandenen Basalt und Feldspaltfelsen auf hohen Tuffschichten spalteten sich mit der Zeit durch Erdrutsche.

Darauffolgende Einstürze der Abhänge durch das Wasser führten zu dem heute zu sehenden Anblick. Tausende von Grabstätten und Mumienhäuser aus der römischen und byzantinischen Zeit, die in die Felsmassive eingehöhlt wurden versetzen Besucher in Staunen. Im Soğanlı Tal findet man 50 Kirchen, verschiedener Größe, und Klöster vor, die

Die St. Barbara Kirche (oben) und die Szene der Heilung der Krüppel (rechts).

zwischen das 9. und 13. Jahrhundert eingestuft werden. Die herausragenden Bauten davon sind die Heilige Barbara Kirche, die Karabaş Kirche, die Große Kirche, die St.John Kirche, die Yılanlı Kirche, die Tokalı Kirche, die St.Gregor Kirche und Kubbeli (Kuppel) Kirche.

Der Unterschied der Kubbeli Kirche zu Anderen ist, dass sie aus einem ausgehöhlten Tuffkegel gebaut wurde. Es hat den Anschein als beobachtete sie das Tal. Der bizarre aber überwältigende Anblick des Tales mit der Mischung von wehenden Bäumen am Rande des Baches versetzen einen in eine vollkommen andere Zeit.

96

Die Nevşehir Burg (oben)
Die Altıkapı Grabmal von Ürgüp (rechts)

NEVŞEHİR

Die zunaechst von den Hetithern gegründete Stadt entwickelte sich spaeter in den Zeiten der Phrygier, Perser und Makedonier weiter. Zu vorgerückter Zeit kam sie unter die Herrschaft des Römischen Imperiallismus. Nach 1071 herrschten dann die Seldschuken darüber. Zu dieser Zeit nannte man die Stadt Muşkara. Nevşehir, durch deren Mitte das Kızılırmak Tal verlaeuft, befindet sich nördlich und südlich davon auf leicht gewellten Hochebenen. Die Höhe variiert zwischen 500 und 1000 Metern. Diese eigentümlich enstandenen Taeler und Tuffkegel (Feenkamine), die Felsbesiedlungen, unterirdischen Staedte, Freilichtmuseenund Felskirchen, spiegeln einigartige Anblicke wieder.

*D*er Transport von Seide, Gewürzen und anderen Produkten mit Hilfe von Karawansereien aus dem Osten nach Westen, bildeteten den Handelsweg zwischen China und Europa. Dieser Handelsweg wurde Seidenstrasse genannt. Die **Karawanwege**, welche die Kontinente der antiken miteinander verbanden, durchliefen Anatolien in die Länge und Breite. Diese Wege waren der Hauptbestandteil der Immigranten und des Handels. Sie waren nicht nur Handelsweg, sondern prägten gleichzeitig den jahrhundertelangen Kulturaustausch zwischen Ost und West.

Die Seidenstrasse wurde sowohl von den alten Zivilisationen Anatoliens, von den Hetithern, von Alexander III. Dem Großen, den Römern, Apostel Paulus als auch von den Christen genutzt.

DIE SEIDENSTRASSE

Verschiedene Ansichten des Sultan Han Karawanserei.

*D*ie Seldschuken bauten im Mittelalter, mit den Schätzen, die sie von den Hetithern und Römern abnahmen, Besatzungen, Karawansereien und Spitzburgen auf diesen Wegen. Auf diese Weise sicherten die Seldschuken den Transport von reichen Produkten aus dem Osten. Die drei wichtigsten Elemente der seldschukischen Führung im Handel waren der Weg, die Karawanen und Karawansereien. Burgenähnliche Bauten, reiche Steinausschmückungen, entwickelte Raumkonstruktionen und imposante architektonische Bauten auf entlegegen Wegen symbolisierten die Bürgschaft des Staates in Bezug auf die Verwirklichung eines Kontaktprogrammes mit dem Ausland.

Im Laufe der Zeit vergrösserte sich das Format. Die von Staatsoberhäuptern und Wohltätern errichteten Bauten nannte man **Han**(Herberge). Die Zunahme der Karawansereien ist vor Allem auf die Zeit der seldschukischen Sultane Kılıçarslan II., und Alaeddin Keykubat I. zurückzuführen. Die Sicherheit der Strecken übernahm der Staat. Die Schäden, die während der Reisen entstanden wurden ebenfalls vom Staat vergolten. In den Karawansereien gewährte man jedem Mitbürger und Fremden drei Tage lang Essen, sowie Schuhreparaturen, Krankenbehandlungen, Tierversorgungen und Hufbeschlagungen. Die Räume rings um den Hof stellen sich aus Schlafzimmern, Lagern, Küchen, Bad und Toiletten zusammen.

Die Karawanen wurden von millitärischen Truppen geschützt. Die Unkosten, die durch Dienste und Versorgungen entstanden, vergünsteten Stiftungen der Karawansereien. Die Entfernungen der Karawansereien voneinander betrugen ungefähr 30-40 km. Zu Fuss dauerte dieser Weg 8-10 Stunden und auf dem Kamel etwa ein Tag. Unersuchungen zufolge existierten in Anatolien 200 Herbergen und Karawansereien.

Ağzıkara Han:

Ağzıkara Han liegt auf der Verbindungsstrasse zwischen Aksaray und Nevşehir, 15 km von Aksaray entfernt. Diese Herberge gehört zu den wichtigsten in Anatolien. Ihr eigentlicher Name lautet **Hoca Mesud Karawanserai**. Sie wurde aber Ağzıkara genannt und gehörte den Seldschuken. In der osmanischen Zeit lautete der Spitzname der Schreibkünstler Ağzıkara(Schwarzmund Herberge), weil sich ihre Finger von der Tinte, in die sie die Feder tunkten, verfärbten und beim Umblättern die Finger vorher mit den Lippen befeuchteten, die ebenfalls schwarz wurden. Die Herberge liegt an der Grenze des Ağzıkara Dorfes. Der Name dieses Dorfes stammte von einem berühmten Schreibkünstler, dieser Name übertrug sich auch auf die Herberge.

Der Beginn dieses Bautes liegt zwischen 1231-1236 in der Zeit des Alaaddin Keykubat und die Vollendung erfolgte 1239 in der Gıyaseddin Keyhüsrev Zeit. Diese Kenntnis ist auf die Inschriften an den Toren zurückzuführen. Der Ağzıkara Han ist voll ausgestattet mit Bädern sowie Sommer-und Winteraufenthaltsräumen.

Sultan Han Karawanserei:

Diese Herberge liegt auf der Verbindungsstrasse zwischen Aksaray und Konya, 42 km von Aksaray enfernt. Sie wurde, nach den Inschriften des seldschukischen Sultans zufolge, 1229 von Alaaddin Keykubat erbaut und stellte ein Grenzdurchfahrtstor dar. Sie gehört mit einer Fläche von 6.120 m² zu den größten seldschukischen Karawansereien in Anatolien. Sie diente neben der Erholung für Zivil- und Handelsreisende auch als millitärischer Stützpunkt. Auf der rechten Seite des Hofes befanden, auf der

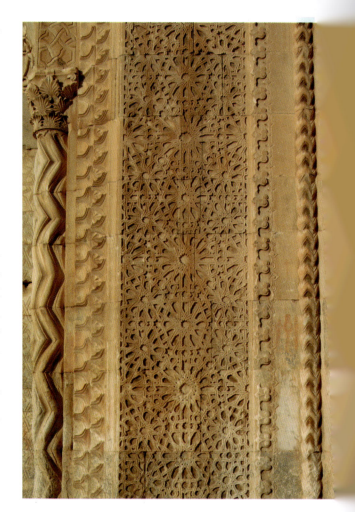

Seldschukische Karawanserei steinverzierung(am Sultan Han).s

linken Zimmer und Lagerräume. Desweiteren gab es Öfen, Hamams(Bäder), Ställe und in der Mitte des Hofes ein Gebetshaus.

Die Kronentore und Wände, die von Außen mit Türmen gestützt wurden, gleichen einer Burg. Den Wasserbedarf stellte ein Fluss in der Nähe der Bağluca Dorfes her. Das Kronentor und das mit geometrischen Verzierungen ausgestatte Gebetshaus gehören zu den schönsten und geschmücktesten Beispielen der seldschukischen Steinschnittkunst. Diese Ausschmückungen wurden von dem berühmten Architekten und Meister der Steinkunst Havlanzade Mehmet dieser Zeit gemacht. Durch die gegenwärtige Restauration der Herberge wurde sie in fast originalen Zustand gebracht.

Das Kronentor des Sarı Han (oben)
Ağzıkarahan. Das Gebetshaus im Innenhof (rechts)

Sarıhan (Saruhan):

Sarıhan (gelbe Herberge) liegt auf der Verbindungsstrasse zwischen Avanos und Ürgüp, 25 km von Nevsehir und 6 km von Avanos entfernt. Es wird vermutet, dass sie im Jahr 1240 in der Zeit des İzzettin Keykavus II. erbaut wurde. Sie bezieht eine Fläche von 2.000m² ein. Zum Bau nutzte man gelbe, rötliche, rosafarbene und hellbraune Steine.

Diese Sultanherberge ist die zuletzt erbaute seldschukische Herberge. Der klassische Plan von Sultanherbergen besteht aus einem quadratischen Hof für den Sommeraufenthalt und einem überdachten rechteckigen Aufenthalt für den Winter. Die Restauration wurde 1999 abgeschlossen.

In früheren Zeiten wurde das in Avanos ange-
fertigte Keramikgeschirr auf Eseln in die umgebe-
nen Ortschaften verteilt. Während dieser Reise kam
es oft vor, dass die Esel zusammenbrachen und mit
ihnen alles zu Boden fiel. Es gibt eine berühmte
Redewendung zu diesem Thema: *"Sogar ein Blind-
er findet den Weg zu Avanos dank der zerstreuten
Geschirrbruchteile"*..

Die rote Erde und Lehm, die sich heute am
Kızılırmak ansammeln, werden nach mehrjähriger
Wartezeit in speziellen Brunnen zu Schlamm und
erreichen dann die entsprechende Flüssigkeit um
abgeschwenkt, und anschliessend gebrannt zu werden. In ungefähr 300 Ateliers wird diese Kunst seit
Tausenden von Jahren angefertigt.

Eine Ansicht von Avanos.Die Cafer Ağa Residenz(oben). Das berühmte Blechmuseum von Meister Galip und die Gallerie (links oben).
Die berühmten Töpferkünstler von Avanos (links unten).

Avanos

Avanos liegt an der Küste des Kızılırmak, 15 km nordöstlich von Nevşehir. Der Kızılırmak, welcher an vielen Zivilisationen in Anatolien teilnahm, verhalf auch der Erde von Avanos, mit herbeigeschwemmtem Ton viel Ertrag. Nach Fünden assyrischer Handelsschriftstücke zu Folge nannte man dieses Gebiet **Nanessa**. In hethitischen Archiven traf man auf den Namen **Zu-Winassa**. Auf lydisch hatte der Name Winassa im 1. Jahrhundert v. Chr. in kappadokischer Sprache die Bedeutung **Ece** (Königin). Strabon schrieb diesen Namen auf die hellenische Schrift **Ounenasa** um und erwähnte, dass dieser Ort berühmt für den Tempel von Zeus sei. In byzantinischen Quellen und in der Zeit des frühen Christentums nannte man Avanos **Venasa**. Auch heute wird der Name Venasa für das Gebiet Avanos genutzt. Im Frühchristentum gewann Avanos im 7. Jhr n. Chr. aufgrund von Angriffen auf die Christen als Zufluchtsort an Wert. Die unterirdische Stadt im Bezirk **Özkonak** war eines dieser Aufenthalsorte. Der Name 'Venasa' gewann auch im späten Mittelalter an Wert. In osmanischen Schriftstücken fand man die Benennungen **Uvenez** oder **Evenez**, welche im Laufe der Zeit zu Avanos abgeleitet wurden. Avanos ist unter Anderem auch berühmt für seine Teppiche. Die Mädchen lernen neben ihren Müttern in sehr jungen Jahren die Geschichte an diese Teppichen zu knüpfen.

Die Ruinen in Açıksaray.

Gülşehir und Açıksaray

Gülşehir liegt nordwestlich von Nevşehir am Abhang vom Kepez Hügel. Wann und von wem Gülşehir gegründet wurde ist nicht bekannt, aber in der nördlich davon liegenden Civelek Höhle traf man auf Funde, die bis in die Jahre 7.500 – 8.000 v. Chr. zurückreichen. Zwischen den Jahren 2.000 und 3.000 v. Chr. herrschten die Hethiter über dieses Gebiet. Die von ihnen gebauten kleinen und schmalen Burgsiedlungen sind noch heute im Ovaören und Gökçetoprak Dorf zu besuchen. Gülşehir hiess zu byzantischer Zeit **Zoropassos**. Anschliessend änderten die Seldschuken den Namen auf **Arapsun**. Die 4 km nördlich von Gülşehir liegende Civelek Höhle ist die älteste unterirdische Besiedlung dieses Gebietes. Açıksaray befindet sich zwischen Nevşehir und Gülşehir. Die dort in Felsen eingehölten unterirdischen Besiedlungen nehmen eine Fläche von einem Quadratkilometer ein.

Die St. Johannes Kirche befindet sich gleich in der Einfahrt von Gülşehir. Sie ist ein tonnengewölbter, kreuzförmiger Bau aus zwei Stockwerken. Die Kirche steht in Verbindng zu einem berühmten Klosterkomplex im Untergeschoss, welches ins 7.Jahrhunder datiert wird. Im Untergeschoss der Kirche findet man einen Weinkeller, Wasserkanäle und Gräber vor. Das obere

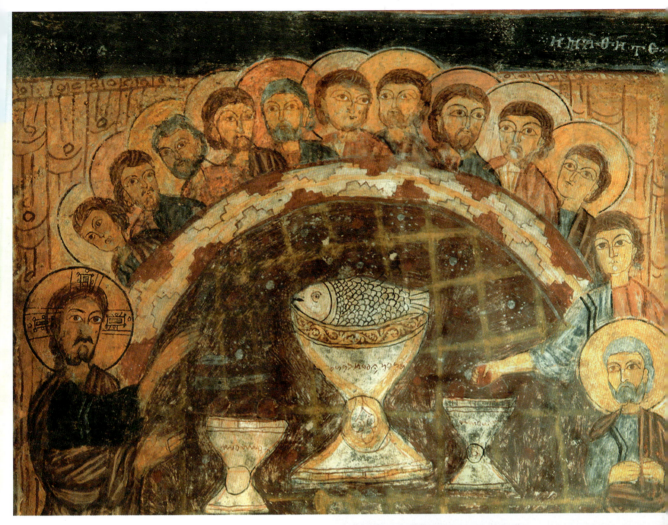

"Das letzte Abendmahl" (oben)
und "Versammlungsort" (unten).

Geschoss ist die eigentliche Kirche, deren Wände mit Szenen aus der Bibel ausgeschmückt sind. Nach der Inschrift in der Kirchenapsis zufolge wird die Kirche in das Jahr 1212 datiert. Auf blauem Grund nutzte man, nach romanischem Einfluss, gelbe, orange, rot und braune Töne bei den Bibelszenen. Die Kirche wurde nach der Restauration im Jahr 1995 zum Besuch eröffnet.

Die Verteilung der Szenen: An der Predigtkanzel: Deesis. An den Wänden: Die Kreuzabnahme, die Verkündigung, das letzte Abendmahl, Betrayal und die Wasserprobe.

Der Kızılırmak (Der rote Fluss), mit Spuren der prähistorischen Zeit, ist der längste Fluss der Türkei und bietet kilometerlangen fruchtbaren Boden in Avanos an. Der lydische König Kroisos wandte sich, bevor er den Kızılırmak, mit dem Namen in der antischen Zeit, überquerte, an seine Hellseher. Diese sagten voraus, dass wenn er den Fluss überquere, ein Reich zusammenbräche. Und so geschah es. Kroisos verlor sein eigenes Land Lydia.

Was für eine Lehre hatte der Hallys vor 2500 Jahren in Schweigsamkeit eines Gelehrten dem reichen und gierigen Kroisos erteilt.? Nicht mal Kroisos, sondern Millionen vor Jahren, bevor der menschliche Schatten seinem Wasser erreichte, floss er schon in diesem Boden.

Kızılırmak

Der Fluss Kızılırmak entspringt aus heutigem Sıvas, mit dem Namen Sabestiae in der römischen Zeit, den südlichen Bergwänden des Berges Kızıldağ (3.025m) im Nordosten des mittleren Anatoliens. Er fliesst durch die Täler, Dörfer, Übermündungen und Brücken durch und legt 1.355 km zurück und erreicht das schwarze Meer vor Bafra. Entlang des Flusses sind die Spuren der prähistorischen Zeit bis zu 3.000 v.Ch. zurückzuführen.

2.000 v.Chr. gründeten die Hetither, die im Umkreis vom Kızılırmak lebten, den ersten grossen Staat Anatoliens und unterschrieben(nach dem Kadeş Krieg) den ersten schriftlichen Pakt in der Geschichte mit dem ägyptischen König Ramses II.. Nach den Hetithern setzten sich die Midaş Könige und Phrygier entlang des Flusses nieder, so wie anschliessend die Makedonier, Perser, das Römische Reich, das Königreich Kappadokiens, die Byzantiner, Seldschuken und Osmanen. Der Kızılırmak hat viele Stürze, Imperialismen und Katastrophen miterlebt. Er hat auch das stolze Vorbeilaufen vom Alexander, dem Grossen, Kyros, Keyhusrev auf den Pferden mit dahinter kommenden, starken, hervorragenden Armee, die Kriegsopfer, zerfallene Staaten, Zerrüttungen und Erdbeben miterlebt.

Hintereinanderentfernte unzählige zusammenrollende Dorfwege, Bäche, Bergwände und tiefe Mündungen, Steinbegräbnisse, Staubwolken, in den Bergwänden zusammengereihte ähnliche Dörfer und die Frauen mit farbigen Bekleidung wie die Natur, die auf dem arbeiten, und neugierige Kinder. Strabon sagt, dass der Fluss **Halys**, weil in der Nähe von tuzlalar vorbeifliesst, **Hallais** ernannt wurde. Das Wasser des Flusses ist ein wenig bitter und salzig. Er geht über den Gibs,- und Tonerdehaltigen Boden hinaus, den er einfach auswascht und mitschleppt, erreicht das vulkanische Gebiet, bzw. Mazaka von Hetitern, Kaisareia von Römern und Kayseri. Er hat schon in Kapadokien erreicht. In dieser Stadt vor Bergwänden von Erciyes (Argaios) hatten die Assyrier eine Handelskolonie errichtet.

Ansichten des Kızılırmak.

Zwischen Kızılırmak und Kayseri befindet sich Kültepe, einer der grössten Hügelgräben Anatolien's. Im Kreis von Nevşehir erreicht er den südlichsten Punkt seiner Mündung und ging vor 7 Hundert Jahren in das Land von **Hacı Bektaş- ı Veli** hinein, der über die Brüderschaft und Ähnlichkeit des Menschen und Gottes sprechen kann. In dem Näherungspunkt zum Salzsee streicht plötzlich einen Bogen geht zum Norden nach Çorum, dann direkt zum schwarzen Meer hinein.

Anschliessend verabschiedet er sich die İkiztepe (Zwillingsspitzen) des Hatti Landes und strömt ins Schwarzemeer in der Ebene Bafra.

Tuz Gölü (Salzsee)

Der Tuz See ist nach dem Vansee(Van Gölü) der zweitgröste See der Türkei. Trotz seiner Grösse ist er zu den flachsten Seen einzuordnen. An vielen Stellen übertrifft er nicht einmal einen halben Meter. Im Frühling, wo das Wasser am reichhaltigsten ist, erreicht er einen Umfang von 164.200 Hektar. Die wichtigsten Gewässer gehen südlich vom Bağlıca und Kırdelik Gewässer, von der Eşmekaya Quelle, westlich vom İnsuyu Gewässer und nördlich vom Peçenek Gewässer ein. Aber die meisten dieser Gewässer trocknen im Sommer aus und erreichen den See nicht mehr. Extreme Verdunstungen führen zur fast völligen Austrocknung des Sees. An den getrockneten Stellen entstehen Salzschichten bis zu 30 cm. Der Tuz See ist nicht nur der salzigste See der Türkei, sondern gehört zu den salzigsten der Welt. Das Salzverhältnis beträgt 32,4 Prozent. Aufgrund seiner hohen Salzkonzentration wachsen keine Wasserpflanzen darin. Nur an den Rändern des Sees, die unter Einfluss des fliessenden Wassers stehen und widerstandsfähig gegen Salz sind, trifft man spärlich auf Gewächs.

Desweiteren bieten die Seen im Umkreis vom Tuz See, wie der Kulu See, Samsam See, Tersakan See, Eşmekaya See und Hirfanlı Staudamm Wasserquellen für die Vögel.

Die Taubenschlage von Kappadokien

Es ist bekannt, dass Tauben in Anatolien seit 3000 v.Chr. gezüchtet werden. Die Tauben wurden in jeder zeitgeschichtlichen Epoche Anatoliens als heilig angesehen. In der Zeit vor den Karawanen dienten sie den Menschen als Postboten.Zu Beginn des 18. Jahrhunderts machten Charles Texier und William Hamilton, die Untersuchungen in Kappadokien durchführten, in ihren Memoiren und Stichzeichnungen auf die Taubenschläge aufmerksam.Schöne Beispiele dieser Taubenschläge sind am Ürgüp-Üzengidere Tal, am Ortahisar Balkan Bach und Kızılçukur Tal am Çat Tal in der Nähe von Nevşehir, an den Kılıçlar und Güllüdere Tälern, an den Tälern im Umkreis von Uçhisar, an den Feenkaminen,und zwischen felsausgehöhlten Häusern, Kirchen und Klöstern zu sehen.

Kappadokien ist das Traubenparadies von Mittelanatolien. Der ertragsreichste Dünger für Weinberge ist Taubenkot. Aus diesem Grund baute man eine große Anzahl von Taubenschlägen vor allem in Felsaushöhlungen. Das Geheimnis der Trauben ist demnach Tuff und Taubenkot. Beim Bau von Taubenschlägen legt man Wert darauf, dass sie in der Nähe von Wasserquellen liegen und entweder an die Ost- oder Südseite der Täler gebaut werden, dass sie an hohen Stellen stehen und viel Sonnenlicht einnehmen. Ein Taubenschlag beherbergt mindestens 100 Tauben. Für die Ein- und Ausgänge der Vögel sind die Wände mit relativ kleinen Löchern versehen. Die Front wird mit einer Mischung von Eiweiß und Kalk weiß verputzt. Trocken ist dieser Putz so hart und glatt wie Marmor, so dass weder Mäuse, Marder noch Wiesel oder sonst irgendwelche Jagdtiere hinaufklettern können. Diese Fronten werden je nach Geschmack und Tradition mit verschiedenen Motiven versehen. Die Motive dienen gleichzeitig zu Orientierung für die Vögel.

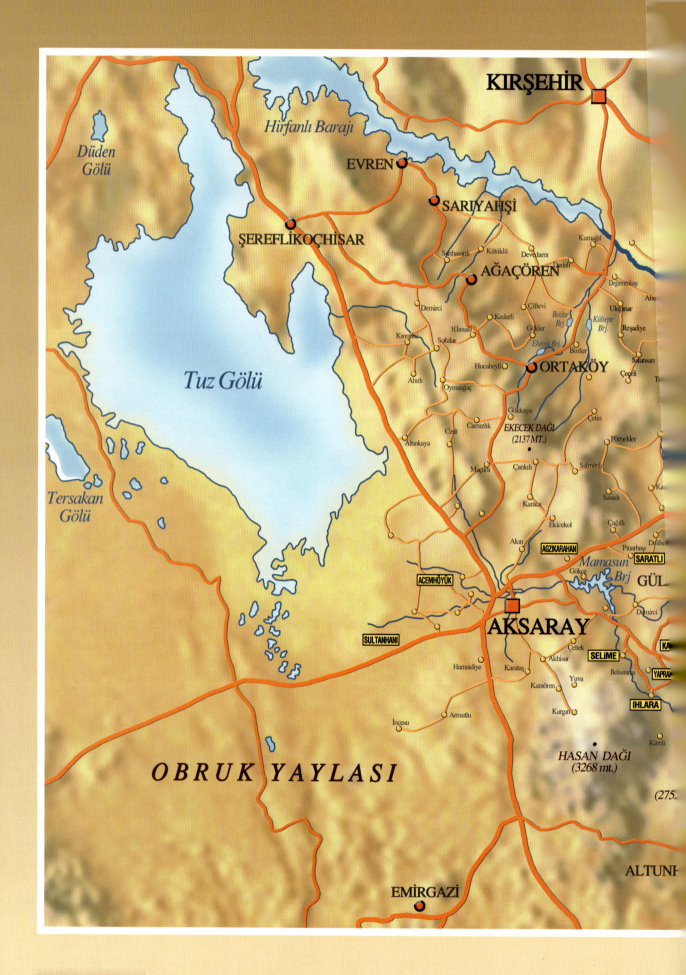

KIRŞEHİR

Hirfanlı Barajı

Düden Gölü

EVREN

SARIYAHŞİ

ŞEREFLİKOÇHİSAR

Şıhhasanlı Kütüklü Devedamı Kuruağıl

AĞAÇÖREN Dedeli

Değirmenkaşı Abu

Demirci Çiftevi

Bozkır Brj. Ulupınar

Kederli Kültepe Brj. Reşadiye

H.İsmailli Gökler

Kırımhı Sofular Ececek Brj. Bozkır

Hocabeyli Satansun

ORTAKÖY

Çeçeli

Tuz Gölü

Ahırlı Oymaağaç

Gökkaya

Tersakan Gölü

Cemil Çamızlık EKECEK DAĞI Çetin

(2137 MT.)

Altınkaya Pörnekler

Maçarlı Çankılı Salmanlı

Karaca Susadı Ka

Çağıllı

Ekicekol

Akın Delilhe

AGZIKARAHAN Pınarbaşı SARATLI

Mamasun Brj. GÜL

ACEMHÖYÜK Gökçe Demirci

AKSARAY

Çeltek SELİME KA

SULTANHANI Akhisar YAPRA

Hamaidiye Karataş Belisırma

Karaören Yuva IHLARA

İncesu Armutlu Kargın Kitreli

HASAN DAĞI

(3268 mt.)

OBRUK YAYLASI

(275.

ALTUNH

EMİRGAZİ

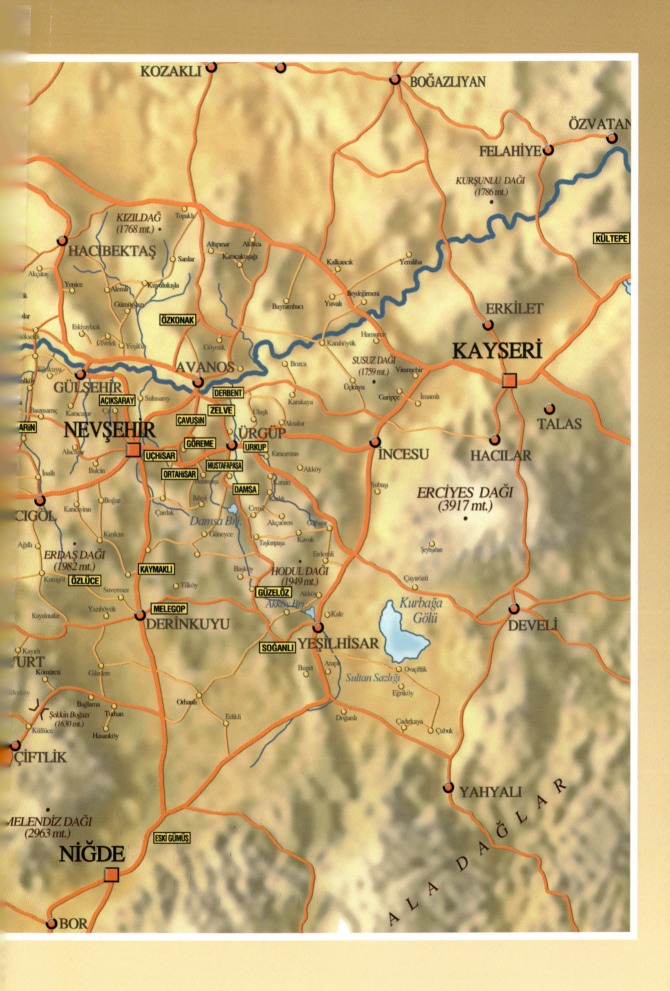

BIBLIOGRAPHIE

AKŞİT İlhan, Hititler, Sandoz Yayınları, İstanbul, 1981
AKTÜRE Sevgi, Anadolu'da Bronz Çağı Kentleri, Tarih Vakfı Yurt Yayınları, İstanbul, 1994
AKURGAL Ekrem, Anadolu Kültür Tarihi, Tübitak Popüler Bilim Kitapları, Ankara,1998
AKURGAL Ekrem, Anadolu Uygarlıkları, Net Turistik Yayınlar , İstanbul , 1989
AKURGAL Ekrem , Hatti Uygarlığı, Remzi Oğuz Arık Armağanı, Ankara Üniversitesi Dil ve Tarih-Coğrafya Fakültesi Yayınları, Ankara, 1987
AKYILDIZ Erhan, Taş Çağı'ndan Osmanlı'ya Anadolu, Milliyet Yayınları, İstanbul, 1984
ALKIM Bahadır, Anatolia I, Form the Beginnigs to the end of the 2nd Millenium BC, Nagel Publishers, Geneva, 1970
ALP Sedat, Hitit Çağında Anadolu, Tübitak Popüler Bilim Kitapları, Ankara, 2001
ARIK Remzi Oğuz, Les Fouilles d'Alacahöyük 1935, Türk Tarih Kurumu Yayınları, Ankara,1937
ARIKAN Yasemin, Hitit Dini Üzerine Bir İnceleme, Ankara Üniversitesi Dil ve Tarih-Coğrafya Fakültesi Dergisi Cilt 38 Sayı 1-2,
BAŞDEMİR Kürşat, Eski Anadolu, Tarihsel ve Kültürel Süreklilik, Kaynak Yayınları, İstanbul, 1999
CERAM C.W., Tanrıların Vatanı Anadolu, Remzi Kitabevi, İstanbul, 1979
ÇİĞ Muazzez İlmiye, Hititler ve Hattuşa, Kaynak Yayınları, İstanbul, 2000
DARGA Muhibbe, Hitit Sanatı, Akbank Kültür ve Sanat Kitapları, İstanbul, 1992
ERTEM Hayri, Boğazköy Metinlerinde Geçen Coğrafya Adları Dizini, Ankara Üniversitesi Dil ve Tarih-Coğrafya Fakültesi Yayınları, Ankara 1973
ERTEM Hayri, Hitit Devletinin İki Eyaleti: Pala - Tum(m)ana, Ankara Üniversitesi Dil ve Tarih-Coğrafya Fakültesi Yayınları, Ankara 1980
EYUBOĞLU İsmet Zeki, Anadolu Mitolojisi, Toplumsal Dönüşüm Yayınları, İstanbul, 1998EYUBOĞLU İsmet Zeki, Anadolu Uygarlığı , Der Yayınları, İstanbul, 1981
GIBBON Edward, Roma İmparatorluğu / Bilim, Felsefe, Sanat Yayınları İstanbul,
GUERNEY O.R. , The Hittites, Penguin Books , Middlesex , 1990 (Türkçesi : Hititler, çev. Pınar Arpaçay, Dost Kitabevi, Ankara,2001)
İNCİL Yohanna, Matta ve Luca / Kitab-ı Mukaddes ayınları, İstanbul.
KINAL Füruzan , Eski Anadolu Tarihi , Türk Tarih Kurumu Yayınları , Ankara , 1987
KONYALI İbrahim Hakkı , Abideleri ve Kitabeleri ile Aksaray Tarihi - Fatih Yaayınevi Matbaasi , İstanbul 1974
LLOYD Seton, Türkiye'nin Tarihi, Bir Gezginin Gözüyle Anadolu Uygarlıkları, Tübitak Popüler Bilim Kitapları, Ankara,1997
LLOYD Seton, Early Anatolia, Penguin Books , Middlesex,1956
MACQUEEN J.G. , The Hittites and Their Contemporaries in Asia Minor , Thames and Hudson, London, 1986
OHRİ İskender, Anadolu'nun Öyküsü, Milliyet Yayınları, İstanbul, 1983
SAVAŞ Savaş Özkan, Anadolu (Hitit-Luvi) Hiyeroglif Yazıtlarında Geçen Tanrı,Şahıs ve Coğrafya Adları, Ege Yayınları, İstanbul, 1998
SEVİN Veli, Anadolu Arkeolojisinin ABC'si, Simavi Yayınları, İstanbul,1991
TUNA Celâl, Mağaradan Kente, Anadolu'nun En Eski Yerleşim Yerleri, İletişim Yayınları, İstanbul, 2000
ÜNAL Ahmet, Boğazköy Metinleri Işığında Hititler Devri Anadolu'sunda Filolojik ve Arkeolojik Veriler arasındaki İlişkilerden Örnekler, 1992 Yılı Anadolu Medeniyetleri Müzesi Konferansları, Anadolu Medeniyetleri Müzesini Koruma ve Yaşatma Derneği Yayını, Ankara 1993
ALP Sedat, Hitit Çağında Anadolu, Tübitak Popüler Bilim Kitapları, Ankara, 2001
ERHAT Azra , Mitoloji Sözlüğü , Remzi Kitabevi, İstanbul, 1978
HERODOTOS, Herodot Tarihi (çev. Müntekim Ökmen), Remzi Kitabevi, İstanbul, 1973
SEVİN Veli, Frygler, Anadolu Uygarlıkları Görsel Anadolu Tarihi Ansiklopedisi, Görsel Yayınlar, İstanbul, 1982
STRABON , Coğrafya / Anadolu, Kitap: XII, XIII, XIV (çev:Adnan Pekman), Arkeoloji ve Sanat Yayınları , İstanbul, 1987
UMAR Bilge, Türkiye'deki Tarihsel Adlar /İnkılap Yayınları, İstanbul, 1993

Mitarbeiter dieser Ausgabe:

Text: Jeoffrey Lamec
Bildauswertung und Layout: Melih ÖNDÜN
Fotos: Erdal YAZICI
Übersetzung: Leman TOPTAŞ
Renk Farbenseperation und Film: Doğa Basım
Auflage: Doğa Basım
Turgut Özal Caddesi Çelik Yenal İş Merkezi
No:117 İkitelli - İstanbul
Tel: 0212 407 09 00

© Copyright / Silk Road Publications, İstanbul-TURKEY
ISBN 978-605-5629-02-1

SILK ROAD TOURISTIC PUBLICATIONS
İPEKYOLU TURİSTİK YAYINLARI VE TİCARET
Kartaltepe Mah.Yunus Sok.No:2 Bayrampaşa / İSTANBUL
Tel: 0212 615 15 01 e-mail:ssilkroad@hotmail.com